아들아, 부동산 공부해야 한다

14평 반지하에서 50억 자산가가 된
엄마 아빠의 현실 부동산 재테크

정선용 · 안창순 지음

아들아,
부동산 공부
해야 한다

리더스북

지금 바로 부동산 공부를 시작해라

아들아, 너도 이제 20대 중반에 접어들었다. 곧 취업 전선에 뛰어들어 직장 생활을 시작할 것이다. 사회에 나가 치열하게 살아갈 너에게 아버지는 이것 하나만은 꼭 당부하고 싶다.

지금 바로 부동산 공부를 시작해라.

얼마 전 아버지는 예전 직장 선배를 만났다. 그 선배의 아들이 이번에 직장에 취직했다고 한다. 선배는 아들을 붙잡고 단 하나, 부동산 공부를 당부했다고 한다. 그 선배가 한 말을 그대로 옮겨 적는다.

"네가 취직했으니, 지금부터 한 가지만 당부한다. 지금부터 너는 무조건 집 살 궁리를 해라. 내 지난날 지출을 따지고 보니 무엇보다 주거비 지출이 가장 컸다. 어쩌면 인생을 바꿀 수 있었던 기회비용도 집이 가장 컸다. 내가 신혼 때 어떻게든 집을 샀더라면 우리 집 자산은 벌써 100억 원을 넘었을 거다. 내가 나이 30에 주택을 마련했다고 가정하고 생애 주기의 재산 증식 레버리지 효과를 따져 보니 지금보다 최소 5배 더 컸다. 너에게 무조건 집 살 궁리를 하라 고 하는 이유다."

선배는 직장에서 재무 담당 상무를 지냈다. 반평생 돈을 만졌 고, 누구보다 돈에 밝았다. 그런 분이 자녀에게 딱 하나 강조한 게 바로 내 집 마련이었다. 젊은 날 내 집을 마련하면 자산 증식의 레 버리지 효과가 최소 5배라는 사실, 이것이 당장 부동산 공부를 시 작하라고 너에게 당부하는 이유다.

아버지는 50대 초반에 퇴직했다. 2020년 추석을 하루 앞둔 날 이었다. 매일 새벽별을 보고 출근하고 다시 새벽별을 보고 퇴근하 며 25년을 다닌 직장이었지만, 그 직장을 걸어 나오는 건 한순간이 었다. 짐은 바나나 박스 3개에 들어갈 만큼 단출했다. 곧바로 명절 이 찾아왔는데 아버지는 어디에도 가지 못했다. 차마 퇴직했다는 말을 꺼내기 어려워 양가 어디도 들르지 않고 집에서 TV를 보았다.

아들아, 네가 원하든 원하지 않든 직장 생활은 언젠가 반드시 끝난다. 아무리 인생을 바쳐 일해도 직장은 삶을 보장해주지 못한 다. 이것이 너에게 부동산 공부하라는 두 번째 이유다.

나무에 나무테가 그려지듯 인생에는 인생테가 그려진다. 아버 지와 엄마는 25년 전 고덕동 2500만 원짜리 반지하 전셋집에서 신 혼 생활을 시작했다. 그곳에서 네가 태어났다. 아무리 부지런을 떨어도 습기와 곰팡이가 사라지지 않던 그 집에서 네가 아토피와 비염으로 고생할 때마다 우리는 부모로서 눈물을 삼켰다. 폭우가 하염없이 쏟아지던 여름날 네 엄마는 두려움에 떨며 너를 안고 꼬박 밤을 지새웠다. 폭우는 밤새 창문을 부술 듯 두드렸고, 거센 물줄기는 언제라도 집을 삼킬 듯했다.

2년 후 지상으로 이사하고 우리는 참 기뻤다. 창가에 남의 구둣발이 아니라 햇살이 비친다는 게 얼마나 기쁨을 주는지, 비가 오면 물이 샐까 집이 잠길까 두려워하지 않아도 된다는 게 얼마나 안정감을 주는지, 집에 곰팡이가 피거나 습기가 차지 않는다는 게 얼마나 행복감을 주는지 이 엄마, 아빠는 피부로 겪었다.

아들아, 아버지는 살면서 총 28번의 이사를 했다. 아버지 인생 대부분은 서울 땅을 전전하는 삶이었다. 그 반지하 전셋집에서 네 엄마의 표정이 얼마나 그늘져 있었는지, 누추한 집에 방문한 후배 앞에서 네 엄마가 얼마나 주눅 들어 있었는지, 우리 소유의 아파트를 갖게 되면서 네 엄마가 얼마나 밝고 당당해졌는지, 이 아버지는 다 보았다.

그 경험으로 너에게 자신 있게 말할 수 있다. 하루빨리 네 집을 마련해라. 최소한의 안정도 보장되지 않는 환경, 남의 집을 전전하는 삶은 네 얼굴을 그늘지게 할 것이고, 반대로 햇살이 잘 비치는 집, 네가 소유한 집은 너를 당당하게 할 것이다.

코로나19 이후 세상은 급변하고 있다. 세상은 점점 승자독식의 게임 판이 되어간다. 〈오징어 게임〉과 같이, 우리는 매 순간 필사의 경쟁, 필사의 게임을 치러야 한다. 게임 판은 결코 공정하지 않다. 이 엄혹한 세상에서 살아가기 위해서 너는 필히 게임 판인 자본주의를 공부해야 하고, 자본주의에서 살아남는 투자법을 공부해야만 한다.

너희 세대가 부를 이루는 길은 이전보다 지난하고 험난하다. 예금이자는 형편없이 낮고, 노후 자금이 될 연금마저 받을 수 있을지 불확실하다. 고령화와 생산 인구 감소라는 현실 때문에 위 세대를 부양하는 부담마저 고스란히 너희 짐이 될 것이다. 여기에 집값은 천정부지로 솟아 월급으로 집을 사는 건 더 어려워졌다. 이런 상황에서 부자가 된다는 건 너희에게 머나먼 일처럼 느껴질지 모른다. 그러나 아들아, 이것만은 기억해라. 성공적인 재테크는 기하급수적 곡선을 그리며 성장한다. 우리 집이 50억 자산을 일구는 데도 이 기하급수 함수가 작용했다. 25년 전 우리 집 전 재산은 2500만 원이었다. 그게 2억 3000만원의 종잣돈으로 불어나는 데 10년이 걸렸다. 그 2억 3000만원이 15억 원이 되는 데 다시 10년이 걸렸다. 그 15억 원이 50억 자산으로 불어난 건 불과 5년 만의 일이다. 그렇게 갈수록 급격히 빨라진다. 초기에는 주행 차선으로 느리게 가지만 어느 지점을 지나면 추월 차선을 타며 빨라지고, 그때부터는 더욱 속도가 높아진다. 이것이 추월 차선의 법칙이다. 지금 시작하는 부동산 공부가 더디고 부진해 보일지라도 계속 공부하며 체력을 쌓으면 너에게도 머지않아 부의 추월 차선이 열릴 것이다.

　그게 부모인 우리가 이 책을 꾹꾹 눌러쓴 이유이다. 근로소득자로 살아온 아버지가, 결혼 후 대부분의 시간을 가정주부로 살며 짠 테크, 부동산 재테크를 해온 엄마가 너에게 남기는 작은 유산이다. 사랑한다는 말 대신 너에게 이 당부를 남긴다.

　지금 바로 부동산 공부를 시작해라.

　　　　　　　　　　　　- 2022년 4월, 엄마 그리고 아빠가

2장　종잣돈을 모으는 재테크 기술

3장　하루라도 빨리 내 집 마련을 해라

4장 피가 되고 살이 되는 부동산 공부

1장

부동산에
눈을 떠라

엄마, 아빠가
부동산 공부하라는 이유

가난은 청년에게는 고난이지만, 노인에게는 재난이다.

아들아, 가난은 정말이지 무서운 것이다. 엄마, 아빠는 50년 넘게 살아오면서 가난을 경험했고, 가난의 무서움을 실감했다. 그리고 아직 그 두려움을 모르는 너희가 혹여 가난의 굴레에 빠질까 염려하는 마음으로 이 글을 쓰고 있다.

공부는 문해력을 바탕으로 세상의 본질을 깨우치는 것이고, 글쓰기는 세상과 부딪히는 법을 배우는 것이다. 돈이든, 부동산이든, 경제든 세상에 나타나는 지식은 '말과 글' 위에 세워진다. 특히 어떤 대상을 글로 풀어낸다는 건 그 사물의 본질을 이해했다는 뜻이다.

지금 너희 엄마는 옆에서 열심히 글을 쓰고 있다. 그동안 몸으로 부딪히며 했던 재테크를 글로 적어 내려가고 있다. 그동안 입으로 이런저런 이야기를 많이 했지만 막상 글로 쓰려고 하니 힘이 드는가 보다. 옆에서 자학 섞인 푸념을 늘어놓고 있다.

"내가 미쳤지. 괜히 한다고 해서 이 고생하고. 내가 미쳤다. 미쳤어."

몇 자 적어놓고 혼잣말로 뭐라고 중얼중얼 그러고 있다. 그래도 한번 시작하면 꾸준하게 하는 사람이라 괴로워하면서도 끈기를 가지고 붙들고는 있다. 너희는 엄마가 왜 갑자기 글쓰기를 시작했는지 궁금할 거다. 여기에는 이유가 있다. 아버지는 전작인『아들아, 돈 공부해야 한다』에서 우리 집 근로소득을 50억 자본소득으로 불린 재테크 주인공으로 너희 엄마를 언급했다. 2500만 원짜리 반지하 전세에서 신혼 생활을 시작한 우리가 3채의 서울 재건축 아파트를 가질 수 있었던 것은 순전히 너희 엄마 덕이다. 너희 엄마는 탁월한 절약과 저축 능력으로 종잣돈을 모으고 동물적인 감각으로 투자해 자산을 불렸다.

그 책을 본 많은 독자가 '아내분의 부동산 재테크 비법을 알고 싶다'는 댓글을 엄청 달았다. 아버지가 출연한 유튜브 동영상에도 엄마를 보고 싶다는 댓글이 많았다. 네이버 블로그 서평에도 그런 글이 무수히 올라왔다. 아버지의 독자들은 엄마의 재테크 노하우를 알기를 원했다. 그 댓글을 유심히 본 출판사 편집자 한 분이 엄마와 아빠가 함께 쓰는 재테크책을 제안했다. 너희 엄마도 수많은 댓글에 고무된 상황에서 출간 제안까지 받고 나니 해보자는 결심이 섰다.

지난주 우리는 드디어 책을 출간하겠다는 계약서에 도장을 찍었다. 엄마는 책 이야기가 오고 가는 중에는 '하면 되겠지' 하고 크게 부담을 가지지 않다가 막상 계약서에 도장을 찍고 나니 '내가 할 수 있을까' 하는 불안감이 엄습했던 거다. 어제는 종일 좌불안석으로 왔다 갔다 했다. 그러더니 지금은 휑한 얼굴로 눈 밑에 다크서클을 짙게 드리운 채 머리카락을 쥐어뜯어가면서 글을 쓰겠다고 하고 있다. 반실성한 사람처럼 말이다.

아버지는 저러다가 큰일 나겠다 싶어 기분 전환할 방법을 고민하다가 엄마와 함께 영화를 보았다. 아버지가 글을 쓰는 마음을 다잡고 싶을 때마다 보는 영화다. 우리는 글쓰기 부담은 잠시 내려놓고 나란히 앉아 영화를 감상했다. 영화 제목은 〈파인딩 포레스터〉이다. 우리말로 '포레스터 찾기' 정도가 되겠다.

"글은 마음으로 쓰는 거야. 수정은 나중에 머리로 하고."

어쩌면 아버지는 이 대사를 들려주기 위해 엄마에게 영화를 보게 한 것인지도 모르겠다. 글쓰기 방법에 대해 아버지가 들었던 최고의 조언이 이 영화에 있었다. 영화의 줄거리는 어찌 보면 다소 뻔하다. 가족에 대한 아픔으로 세상을 등진 천재 작가와 글쓰기에 재능이 있지만 불우한 환경에서 자란 흑인 소년이 만나서 문학으로 교류하며 삶과 꿈의 의미를 깨닫게 된다는 이야기다.

낙후된 도시 외곽에 살고 있는 고등학생 자말과 친구들은 창문을 통해서 그들을 지켜보는 포레스터에게 관심을 갖는다. 포레스터는 한때 촉망받던 천재 작가로, 상처 때문에 은둔하고 있다. 그의 유일한 낙은 망원경을 통해서 농구장을 엿보는 것이다. 자말과 친구들은 그를 '창문'이라고 부른다.

어느 날 자말은 친구들에게 떠밀려 포레스터의 집에 몰래 숨어든다. 포레스터가 들어오는 바람에 놀란 자말은 허겁지겁 도망치다가 가방을 두고 나온다. 포레스터는 자말이 두고 간 가방을 창문 밖으로 던져준다. 가방을 살펴본 자말은 포레스터가 수정해준 자기의 습작을 발견한다. 단 한 번도 글쓰기를 배워본 적 없는 자말은 그에게 가르침을 청하고, 포레스터에게 글 쓰는 법을 배우면서 자말의 잠재한 재능이 발현하기 시작한다.

하지만 자말을 흑인이라고 깔보던 교사들은 자말의 리포트를 보고 포레스터의 글을 표절했다고 오해한다. 결국 포레스터는 어린 제자를 변호하기 위해 40여 년의 은둔 생활에서 벗어나 세상 밖으로 나온다. 막 인생을 시작하는 소년과 황혼으로 지는 노년 작가는 그렇게 서로 상처를 보듬는다.

영화의 마지막에는 주제곡인 '오버 더 레인보'가 흐른다. 그 음악을 들으며 우리는 영화의 여운을 오랫동안 음미했다.

너희 엄마는 포레스터가 자말에게 가르쳐준 '글쓰기 방법'이 너

무 좋다고 했다. 자기도 그 방법으로 글을 쓰고 싶다며 아버지에게
도 포레스터 방식으로 글쓰기를 가르쳐달라고 부탁했다.

"자기야, 포레스터의 말이 맞는 거 같아. 글은 처음엔 가슴으
로 쓰고, 그다음엔 머리로 고쳐 쓰고, 어느 정도 구성이 잡히면 그
다음엔 눈으로 읽어가면서 수정하고, 마지막에는 입으로 소리 내면
서 마무리하면 될 것 같아. 이렇게 4번 정도 수정하면 나도 글다운
글을 쓸 수 있지 않을까. 나는 이렇게 글을 쓸 거야."

너희 엄마가 영화를 보고 나서 한 말이다. 아버지는 엄마가 제
법 전문 작가다운 말을 한다고 느꼈다. 영화를 보고 나서 너희 엄마
는 폭풍처럼 휘몰아치듯이 몰입해서 글을 쓰고 있다. 신혼 때부터
줄곧 해왔던 재테크 경험을 자기 방식으로 정리하고 있는 모습이
대견하다. 너희 엄마의 몸속에는 누구도 따라오지 못하는 재테크
감각이 분명 있다. 그것을 글로 잘 표현할 수 있도록 아버지도 힘을
보탤 예정이다.

영화를 보고 책 집필에 대한 의지를 다진 우리는 어제저녁 집
의 역할에 관해 심도 있는 이야기를 나눴다. 참 오랜만에 한 주제로
깊이 있게 대화했다. 앞으로 부동산 재테크책을 어떻게 집필할지
대략적인 방향과 뼈대를 정하고 서로의 생각도 확인할 수 있었다.
그 과정에서 재미있는 사실을 알게 되었다. 우리는 서로 다른 장점
을 갖고 있더구나. 너희 엄마에게는 탁월한 현장 감각이, 아버지에

게는 개념화하는 능력이 있었다. 엄마는 직접 경험한 현장감과 재테크에 대한 동물적 감각이 있었고, 아버지는 어떤 일을 체계적으로 정리하고 통찰하는 능력이 있었다. 우리는 서로 힘을 합쳐 각자의 장점을 융합하는 글쓰기를 해보기로 했다. 너희에게 조금이라도 유익한 책이 되도록 합심하자는 각오도 다졌다. 부모로서 너희에게 줄 수 있는 최고의 사랑은 엄마와 아빠의 경험을 집약한 이 책이라고 믿는다.

아버지는 네이버 카페 부동산 스터디에 글을 올리고, 너희 엄마도 일주일에 두 편 정도를 써서 블로그에 올리기로 했다. 그리고 매주 일요일마다 서로의 글을 교류하고 토론하며 원고를 가다듬기로 했다. 이번 책은 엄마와 아빠가 공동으로 집필하는 책이다. 책이 완성되면 너희에게 가장 먼저 보여줄 생각이다.

책을 쓰면서 우리는 무엇보다 집에 대한 이야기를 자주 나눴다. 가장 먼저 집의 역할에 관해 대화한 우리 두 사람의 생각은 이렇다. 너희 엄마는 집은 가족의 주거 공간이자 가계의 투자처라는 두 가지 역할이 있다고 말했다. 아버지는 여기에 하나의 역할이 더 있다고 주장했다. 개인의 생활공간이자 마음 공간으로서의 역할이다. 우리 모두는 인간으로서 지닌 누추함이 있다. 모든 사람은 다양한 욕망을 가지고 있고, 이 욕망은 가족에게도 보여주기 꺼려지는 일면이 있다. 결국 함께 살더라도 마음 편하게 쉴 수 있는 혼자만의 공간이 필요하다는 이야기다. 그래서 우리는 집의 역할을 세 가지로 정리했다. 주거의 역할, 안전 자산의 역할, 개인의 안식처 역할이다. 우리는 이런 생각을 바탕으로 부동산의 가치와 지금 부동산 공부를 시작해야 하는 이유, 실제로 해온 부동산 투자 방법에 관해 글을 쓰고 전할 생각이다.

너희가 살아갈 세상은 점점 각박해지고 있다. 저성장 시대에 사회적 부담까지 떠맡을 너희가 이 자본주의 사회에서 살아남기 위해서는 반드시 재테크를 공부해야 한다. 그중에서도 부동산은 재테크의 핵심이다. 너희에게 부동산 공부하라고 강조하는 이유다. 이제 너희는 사회에 나가 직장 생활을 시작할 나이가 되었다. 사회로 나가는 너희에게 부모로서 가장 강조하고 싶은 말이 있다면 지금 바로 부동산 공부를 시작하라는 것이다. 월급이 불어나는 속도는 절대 자산의 증식 속도를 따라잡지 못한다. 하루라도 빨리 너희에게 부동산에 관해 알리고 싶어 이 책을 남긴다. 이 책이 너희에게 부모의 사랑으로 기억되기를 간절히 바란다.

직장 생활에는
반드시 끝이 있다

물론 나는 알고 있다.

오직 운이 좋았던 덕택에 나는 그 많은 친구들보다 오래 살아남았다.

아들아, 독일 시인 베르톨트 브레히트의 〈살아남은 자의 슬픔〉이라는 시의 구절이다. 나는 은둔 외톨이로 지내던 20살에 이 시를 처음 읽었다. 당시 서울역에서 남영동으로 이어지는 도로변에 헌책방이 여러 집 있었다. 길을 걷다가 그중 한 헌책방에서 브레히트의 시집을 발견했다. 〈살아남은 자의 슬픔〉이라는 제목이 너무도 강렬했다. 나는 그 당시에 살아남은 자의 죄의식 속에서 살고 있었다. 갑작스러운 사고로 세상을 떠난 큰형의 빈자리는 나에게 지워지지 않는 얼룩이었다.

　서울대 치의예과에 다니던 큰형은 내가 중학생 때 한라산을 등반하다가 세상을 떠났다. 가난한 집 5남 1녀 중 장남으로 가족의 기대를 한 몸에 받던 형이었다. 사실 형은 가난한 가정 형편 때문에 원치도 않는 치의예과에 들어갔다. 학과에 적응하지 못한 형은 자주 산을 찾았고, 1981년 누구도 예상하지 못한 조난 사고로 세상을 떠났다.

　나는 그 충격으로 일반적인 진로도 포기하고 10대 후반에서 20대 초반까지 방황하며 청춘을 보냈다. 가난이 형을 죽게 만들었다는 생각이 떠나지 않았다. 형에게는 짐이었을 우리 가족의 가난이 형을 죽게 만든 것 같았다. 지금 돌이켜보면 그 당시의 대책없는 죄의식은 20살의 기괴한 감상이었다. 하지만 형의 죽음 배후에 가난이 있었다는 생각만은 지금도 변함이 없다.

　아들아, 어제 퇴직하고 오랫동안 보지 못했던 회사 후배를 만났다. 나를 보자마자 그 후배가 건넨 첫마디는 이랬다.

　"형님, 나는 이번에 살아남았어."

　그 후배는 이번 연말 인사에서 집으로 가지 않고 살아남았다. 내년에 어찌 될지 모르지만 올해는 운이 좋아서 집으로 가지 않았다고 후배는 말을 이었고, 말끝에 계면쩍어하며 웃음을 지었다. 그 후배가 어떨 때 그렇게 웃음을 짓는지 아버지는 잘 알고 있다. 그 후배는 뒷맛이 씁쓸한 일을 겪으면 그렇게 웃었다. 그 후배는 살아남은 자의 죄의식을 겪고 있었다. 내년 연말이 되면 후배는 살아남아 이런 웃음을 짓거나 아니면 쫓겨나서 허탈한 표정으로 헛웃음을 짓거나 둘 중 하나일 것이다.

아들아, 직장 생활은 끝이 있는 게임이다. 올해 살아남았다고 영원히 살아남은 것이 아니다. 결국 직장 생활의 마지막엔 퇴직이 있다.

그 후배는 내가 부럽다고 했다. 나는 전작에서 직업은 자者의 직업과 가家의 직업 둘뿐이라고 말한 적이 있다. 자의 직업은 근로자, 기술자 등 노동력으로 돈을 버는 직업이고, 가의 직업은 자본가와 사업가 등 생산수단과 자본으로 돈을 버는 직업이라고 말했다. 후배는 그 책을 언급하며 '자의 삶'에서 '가의 삶'으로 변신한 지금의 내 모습이 보기 좋다고 했다. 후배는 자신이 운이 좋아서 살아남았든 강해서 살아남았든 일단 살아남았다는 것 자체가 처음 몇 년은 좋았다고 한다. 그러나 이런 연말 행사를 몇 번 겪다 보니, 그때마다 불안에 떠는 스스로에 자괴감이 든다고 했다.

"형은 어찌 됐건 삶의 주도권을 가지고 있잖아. 비유하자면 형은 독립변수고 나는 종속변수야. 외부 변수에 내 생활이 왔다 갔다 하는 거지."

아들아, 그 후배는 살벌한 정글 같은 조직에서 25년을 버텨온 입지적인 인물이다. 과장 시절엔 열정이 넘쳤고 차장, 부장 시절엔

매사에 자신만만했다. 그 당시에 상사인 내게도 "이건 아니잖아요" 하면서 당차게 대들었던 친구다. 그 후배마저 이젠 직장 생활에 지쳐가고 있었다. 후배의 나이는 이제 50이었다. 나이 50은 직장에선 뒷방 늙은이와 같다. 물론 후배가 회사라는 조직에서 환영받지 못하는 나이가 되어 지친 것만은 아니다.

그 친구를 둘러싼 모든 환경이 최근 들어 급격히 변했다. 코로나19 이후 급변한 환경에 대응하지 못하고 성장 동력을 잃은 회사가 부지기수다. 그 친구가 몸담은 대형 마트 역시 변화한 사회에서 생존할 수 있는 힘을 쇠진했다. 대형 마트는 1990년대 도시에 사는 4인 가족을 타깃으로 시작해 20여 년간 승승장구했다. 2010년대에 들어 많은 가구가 1~2인으로 분화하자 위축되기 시작했다. 여기에 영업 일수 단축이라는 정부 규제가 가해졌고, 급기야 팬데믹으로 오프라인 쇼핑이 비대면 온라인 쇼핑으로 급격하게 전환되었다. 그렇게 영업 실적이 바닥으로 곤두박질쳤다. 이젠 생존이 불가능할 지경에 이르렀다. 이렇게 자본 잠식이 일어난 회사에서 버텨내는 것은 쉽지 않다. 성장하는 회사에서 버티는 것도 어려운데, 쇠퇴하는 회사에서 직원으로 살아가는 것은 지옥이다.

"○○ 형은 지금 회사에 있지만, 죽은 듯이 살아가고 있어요."

후배가 불현듯 아버지 입사 동기 얘기를 꺼냈다. 그 동기는 아직 회사 생활을 하고 있었다. 물론 어렵게 다니고 있었다. 팀장에서 직책 없는 담당으로 강등당한 채 버티고 있었다. 월급도 예전에 비해 많이 깎였다고 한다. 회사의 임금 테이블은 하위 인사고과를 받으면 호봉이 깎여가는 구조로 설계되어 있다. 직급이 같은 부장이더라도 담당은 팀장 월급의 절반 수준으로 떨어지게 된다. 참으로 잔인한 임금 테이블이다. 다른 사람 절반 수준의 임금과 대우를 받으면서 버티는 인고의 시간이다.

"저는 ○○ 형이 있는 점포에는 안 가요. 그 점포에 갈 일이 있어도 일부러 피해요. ○○ 형도 저를 불편해하고, 저도 그 형을 보는 것이 불편해서요."

후배는 예전에 그 동기와 같은 팀에서 근무했다. 그때 내 동기는 팀장이었고, 후배가 팀원이었다. 두 사람은 주말에 가족끼리 같이 여행 갈 정도로 친하게 지냈다. 그때는 피를 나눈 형제보다도 사이가 끈끈했다. 이후 후배의 진급이 빨라지면서 동기보다 직급이 앞서가기 시작했다. 4년 전 두 사람의 직급과 직책이 바뀌는 역전이 일어났다. 여기에 더해 동기는 2년 전 일반 담당으로 좌천되었고, 후배는 그해에 임원으로 승진했다. 그때부터 두 사람은 서로 연락을 끊고 지내게 되었다고 한다. 지금은 연락을 못 하는 정도가 아니라 잠깐이라도 우연히 마주치는 게 마음을 불편하게 만들어버리는 상황까지 되었다. 형제 같았던 두 사람이 평범한 직장 동료만도 못하게 된 것이다. 내 동기와 후배는 서로 피해 가느라 얼굴을 보지 못한 지 2년 가까이 되었다고 한다.

후배와는 그 후로도 1시간 정도 이런저런 이야기를 나누다가 헤어졌다.

아들아, 그 후배와 헤어지고 집으로 오는 내내 아버지의 머릿속은 복잡했다. 그때 떠오른 시가 바로 〈살아남은 자의 슬픔〉이다. 집에 도착해서 책장 구석진 곳에 꽂혀 있는 그 시집을 꺼내서 다시 읽어보았다.

물론 나는 알고 있다.
오직 운이 좋았던 덕택에 나는 그 많은 친구들보다 오래 살아남았다.
그러나 지난밤 꿈속에서 친구들이 나에 대해서 이야기하는 소리가 들렸다.
"강한 자는 살아남는다."
그러자 나는 자신이 미워졌다.

강한 자들이 살아남는 회사, 강한 자들이 살아남는 사회인 것은 분명하다. 그렇다고 지금까지 사회에 강한 자들만 살아남았냐고 묻는다면 아버지는 꼭 그렇다고 대답하지 못한다. 세상이 꼭 강한 자들만 살아남는 곳은 아닌 듯하다. 다만 희생당하는 쪽은 분명하다. 정글 같은 세상에서 희생당하는 쪽은 늘 약하고 절박한 사람들이다. 묵묵히 책임을 다해왔지만 미래를 준비하지 못한 사람들. 그래서 더 약해지고 절박해질 수밖에 없는 사람들이다. 아버지는 이런 팍팍한 세상에서 부디 너희만은 희생당하는 약자가 되지 않길 바라고 있다. 시대의 어른이 되지 못한 이기적인 아버지라 욕해도 상관없다. 이 아버지는 너희가 혁명가처럼 세상을 바꾸는 것이 아니라 다만 가난에 허덕이지 않게 되기만을 바랄 뿐이다.

20대의 가난은 참을 수 있다. 30대의 가난도 견딜 수 있다. 하지만 50대, 60대의 가난은 참을 수 없는 고통이다. 나아가 70대의 가난은 죽음보다 더한 고통이며, 80대의 가난은 지옥보다 더한 고통이다. 그러니 너는 부동산 재테크를 공부해야 한다. 직장에 몸담고 있을 때 부지런히 공부하고 준비해야 한다. 그래서 회사에서 내몰리며 버티는 게 아니라 언제든 네가 필요할 때 회사 밖으로 당당히 걸어 나올 수 있어야 한다. 스스로 주도권을 잡는 인생이어야 한다. 그럴 수 있도록 네 경제적 기반을 든든하게 세우길 바란다.

사랑한다, 아들아.

나를 움직인 동력은
가난이었다

남편이 『아들아, 돈 공부해야 한다』로 10만 부 베스트셀러 작가가 되었다. 남편은 재테크로 돈을 불린 실제 인물은 아내라는 이야기를 널리 퍼뜨렸다. 이후부터 나는 비결을 이야기해달라는 요청을 많이 받았다. 그간 나서지 않은 이유는 그걸 어떻게 이야기하고 전해야 할지 잘 몰랐기 때문이다.

사실 나는 오랜 시간 주부로 살았기에 2500만 원에서 50억 자산을 일군 일에 특별한 비결이랄 게 없다. 돈을 모으고 집을 산 게 전부라면 전부였다. 다만 그렇게 악착같이 아끼고 모으고 집을 산 동기는 분명하다. 그건 가난 때문이었다.

결혼한 그해 남편이 다니던 회사는 IMF 외환위기를 이기지 못하고 부도 처리되었다. 게다가 우리가 돈을 빌렸던 은행은 어서 대출금을 상환하라고 압박했다. 전셋집을 겨우 구하고 세간과 결혼 비용을 충당하기 위해 은행에서 500만 원을 빌렸는데, 은행에서 연장 없이 빨리 갚으라며 거듭 독촉했다. 신혼 생활을 시작한 전세방에서 태어난 첫째 아이는 반지하의 습기와 곰팡이 때문인지 아토피와 비염으로 고생했다. 못난 부모 때문에 아이가 아픈 것 같아 하염없이 미안했다. 그러다 밤새 폭우가 쏟아지던 어느 날, 그 반지하 전세방에서 아이를 안고 울며 다짐했다. 어떻게 해서든 이곳에서 벗어나겠다고. 내 재테크는 그날부터 시작됐다.

"연애는 가장 좋은 점들을 드러낸다. 결혼은 그 외의 나머지 것들을 드러낸다."

이 말을 누가 했는지 모르겠지만, 분명 결혼을 잘 아는 사람일 거라고 생각한다. 정말이지 현실적인 명언이다. 내가 결혼하면서 맞은 현실이 딱 이랬다. 나는 25살에 결혼하면서 창원에서 서울로 상경했다. 결혼 생활을 시작한 곳은 서울의 동쪽 끝인 고덕동의 반지하였다.

신혼의 부푼 꿈을 꾸었지만, 결혼과 동시에 여자로서의 모든 자존심을 내려놓아야 했다. 결혼 준비 과정부터 그랬다. 우리 부부 수중에는 집을 구할 전세 자금이 없었다. 친정에서 가전제품 사라고 주신 혼수 자금과 그간 모은 결혼식 비용, 꼭 갖고 싶던 식기와 그릇을 사려고 따로 빼두었던 현금까지, 정말 돈이란 돈은 다 끌어모았다. 간신히 구한 2500만 원으로 반지하 전셋집을 마련했다. 정작 가구와 가전 살 돈은 없어서 혼수는 신용대출과 카드 할부로 마련했다. 그렇게 결혼과 동시에 500만 원의 빚까지 안게 되었다.

그때만 해도 철이 없었던 나는 어렵게 마련한 집에서 신혼 생활을 시작하며 행복했다. 우리만의 공간이 생겼다는 기쁨이 컸다. 젓가락 2짝, 숟가락 2개, 가재도구 몇 개만 있었지만 마음은 설렜다. 그러나 현실은 초라했다. 신혼살림을 시작하고 얼마 지나지 않아 볕이 잘 들지 않는 어둑한 방, 벽면에 핀 곰팡이와 장판지 틈으로 기어가는 바퀴벌레가 점점 눈에 들어왔다. 환기가 잘 안 되어 집은 종일 눅눅했고, 아무리 청소를 해도 퀴퀴한 냄새가 가시지 않았다.

다가구주택이었던 그 집이 아직도 눈앞에 생생하다. 쪽문으로 들어와서 옆집 담벼락을 따라 쭉 지나가면 반지하층으로 내려가는 계단이 있었다. 정확하게 여섯 계단을 딛고 내려가면 검은색 알루미늄 현관문 2개가 나타난다. 주택 지하층을 2개로 나눠 세를 준 것이었는데 그중 오른쪽이 우리 집이었다. 현관문을 열고 들어가면 현관 복도가 있고, 복도를 따라가면 부엌을 겸한 거실과 작은방이, 그 대각선으로 큰방이 있는 투 룸 구조였다.

신발장은 계단 옆에 옆집과 나란히 있었는데 거기에 결혼 전

신던 신발 몇 켤레와 결혼식 때문에 새로 장만한 신발을 정리해 올려두었다. 그리고 얼마 지나지 않아 새로 장만한 신발을 도둑맞았다. 하필이면 내가 애지중지하던 신발이었다. 처음에는 누가 가져갔다는 생각을 못 했다. 그때까진 살면서 도둑맞아본 경험이 없었으니, 내가 어디에 두고 잊었으려니 했다. 도둑맞은 사실을 깨달은 후에는 신발을 모두 집 안에 들여놓았다. 좁은 현관 안에 신발을 들여다놓으면서 이것이 반지하 생활이구나 생각하니 씁쓸해졌다.

화장실은 주방 끝 쪽으로 두 계단을 올라가 문을 열고 들어갈 수 있는 구조였다. 여느 집과 달리 부엌보다 몇 계단 높은 곳에 화장실을 만들어놓다 보니 천장이 무척 낮았다. 고개를 숙이고 들어가야 했다. 달리 세탁기 놓을 곳이 없어 화장실 구석에 두고 사용했는데, 머리를 숙이고 세탁기를 돌릴 때마다 내 자존심은 화장실 바닥으로 떨어졌다.

그 집 벽은 도배한 지 오래돼 중간중간 시멘트 벽이 드러나 있었다. 작은방에 앉아 있으면 창문 밖으로 지나다니는 사람들의 다리와 허리가 보였다. 술 취한 사람이 오줌을 갈기는 모습이 고스란히 드러나던 영화 〈기생충〉 속 그 반지하 집과 같았다. 그래서 작은방은 거의 창문을 열지 못했다.

가난한 사람에게는 여름보다 겨울이 잔인하다는 말이 있다. 경험해보니 정말 그랬다. 여름에는 비록 눅눅하고 곰팡내가 났지만 그래도 시원해서 견딜 만했다. 그러나 겨울에는 웃풍이 심해 항상 보일러를 최대로 틀어놔야 했다. 난방비가 많이 나오기도 했지만, 그보다 더 힘든 건 잦은 보일러 고장이었다. 한겨울에 보일러가 고장 나면 기침하며 콧물을 흘리는 아들을 안고서 발을 동동 구르기 일쑤였다.

주인집에 이야기를 하면 처리가 하세월이라 나중에는 보일러가 고장 나도 주인집이 아니라 동네 보일러 기사에게 전화해 임시 방편으로 해결했다. 그렇게 수시로 고장 나는 보일러와 씨름하며 2년을 살았다. 지금 와서 생각하면 집주인에게 연락해 보일러를 교체해달라고 하거나, 아니면 먼저 수리하고 그 수리 비용을 집주인에게 청구해서 받았어야 했는데 그때는 그런 생각도 못 했다. 집주인에게 무엇을 요구할 수 있는지 몰랐고 세입자의 권리나 의무 같은 것도 몰랐기 때문이다. 나는 그런 기본 사항도 모르는 철부지였다. 그래서 더 힘들었다.

1999년 여름으로 기억한다. 서울에 폭우가 쏟아졌다. 그해 홍수로 저지대 거주지 여러 곳이 침수되었다. 지금도 눈을 감으면 그날 기억이 생생하다. 천둥이 꽝꽝거리고, 벼락이 번쩍번쩍하며 장대비가 쏟아져서 창문 옆 배수로에서 콸콸콸하며 물이 한꺼번에 내려갔다. 요란한 천둥, 번개보다 창문 옆에서 나는 그 물소리가 더 무서웠다. 물이 언제라도 집으로 쏟아질 것 같아서 불안했다. 나는 잠도 못 자고 계단으로 흐르는 물소리에 촉각을 곤두세우고 바깥 상황을 예의 주시했다. 그날은 꼼짝도 못 하고 뜬눈으로 밤을 새웠다. 품에 안긴 아이와 나, 우리 집이 폭우 앞에 너무나 작고 위태롭게 느껴졌다. 내 인생에 잊지 못할 하루였다.

나와 다른 친구들 중 나만 서울에 올라왔기 때문에 친구들과는 거의 만나지 못했다. 전화로 수다 떠는 것만이 유일한 낙이었다. 통화는 즐거웠지만 친구들이 우리 집으로 놀러 온다는 건 거절했다. 먼저 결혼한 친구나 선배 중 누구도 반지하에서 신혼살림을 시작한 사람은 없었다. 나 역시 내가 반지하, 그것도 자취방 수준보다 못한 집에서 살 거라고는 생각도 못 했다. 그때 신혼집 살림이라고는 기본 가전제품과 중고 마켓에서 사 온 TV 받침대와 유리문으로 된 5단 서랍장, 침대가 전부였다. 그릇과 컵은 친정에서 가져온 것이었고 냄비와 프라이팬은 친척들이 사주신 것이었다. 자취 생활보다 못한 살림이었지만 더 꾸미고 싶어도 돈이 없었다. 가전제품과 예식 때 입은 옷도 카드로 계산했기 때문에 결혼 후 몇 달간 현금은 구경도 못 했다.

결혼하고 2개월 정도 지나서 후배가 서울에 볼일이 있어 올라왔다며 우리 집에 찾아온다고 했다. 거절하고 싶었지만 지방에서 서울로 먼 걸음을 한 후배에게 오지 말라고 할 수가 없었다. 어쩔 수 없이 들렸지만, 그 후배가 내가 사는 모습을 본 것만으로도 내 자존심은 철저하게 무너졌다. 고향 친구들도 내가 서울에서 어떻게 살고 있는지 다 알게 되었을 것이었다. 그때부터 고향 친구들과 연락하는 것을 피했고, 지금은 대부분 연락이 끊겼다.

집을 바꾸니
얼굴이 바뀌었다

"반지하 냄새야. 이사 가야 없어져."

    영화 〈기생충〉에서 기정(박소담)은 반지하의 냄새를 가난의 냄새라고 말한다. 나는 가난은 인간의 냄새뿐 아니라 낯빛에도 그대로 스며든다고 생각한다. 그건 어떻게 해도 감출 수 없는 것이었다.

    신혼 생활을 시작한 반지하 집에서 큰애가 태어났다. 아이는 태어나자마자 태열로 아토피와 알레르기 비염이 심했다. 그런 큰애 때문에 마음이 아팠고, 아이를 치료하기 위해 여기저기 병원에 찾아다녔다. 갖은 고생을 해도 쉽게 낫지 않았고, 큰애는 중학교를 들어가기 전까지 알레르기 비염 약과 아토피 약을 달고 살았다.

                                     아들아, 부동산 공부해야한다

TV에 아토피나 비염에 대한 건강 정보가 나오면 자연히 관심이 그쪽으로 쏠렸다. TV에서 소개하는 다양한 대처법이나 처방 등등 이런저런 방법을 다 써봤지만 큰 차도는 없었다. TV 속 전문가들은 아토피와 비염의 원인을 다양하게 진단했지만, 사실 내가 생각한 가장 근본적인 원인은 우리가 살던 반지하의 생활환경이었다. 반지하의 습기와 곰팡이가 호흡기와 피부를 망가뜨린 주요 원인이었을 거라고 생각한다. 그래서 무조건 지상으로 이사를 가야 한다는 생각이 절실했다.

2년 후인 1999년 드디어 반지하 전세 기간이 끝났다. 우리는 원래 살던 전셋집 인근의 2500만 원짜리 다가구 1층 전셋집으로 이사했다. 간절히 바라던 지상이었지만 반지하 집보다 산 가까이 있었기 때문에 교통은 더 불편했고 공간도 더 좁았다.

반지하에 사는 2년 동안 악착같이 500만 원을 저축했는데, 그 돈은 결혼하면서 혼수 사느라 신용대출로 받은 500만 원을 갚는 데 고스란히 사용됐다. 결혼하자마자 남편 회사가 부도났기 때문에 은행에서는 그동안 남편에게 상환 독촉 전화를 여러 번 했다고 한다. 대출받을 때만 해도 친절했던 은행 직원들은 남편 회사가 부도나자마자 바로 태도를 바꿔 대출 연장 없이 빨리 상환하라고 재촉했다. 그래서 500만 원이 모이자마자 은행 대출금부터 먼저 갚을 수밖에 없었다. 은행은 햇볕 쨍쨍할 때는 우산을 빌려주지만, 비가 내리면 바로 우산을 빼앗아 간다는 걸 그때 똑똑히 알았다.

　옮긴 다가구 1층 집도 큰방과 창문이 없는 작은방, 부엌 옆에 작은 화장실이 있는 투 룸 구조였다. 큰방은 남향으로 창문도 크고 환기도 잘되었지만 작은방은 창문이 없고 냉장고에서 나오는 열기까지 고스란히 더해져 여름에는 정말이지 무덥고 답답했다. 이 집도 이전에 살던 곳처럼 군데군데 도배지가 찢어져 시멘트가 드러나 보였다. 어수선한 집을 보면 마음까지 궁색해진다는 걸 반지하 집에서 뼈저리게 깨달았기 때문에 살림살이를 정리한 후에 시아버지와 함께 벽지가 찢어진 곳에 도배지를 발랐다. 천장과 창문을 제외한 곳을 도배하는 데 한나절 정도 걸렸다.

　허름하고 좁지만 그래도 지상으로 이사하고 나니 몇 가지가 변했음을 실감했다. 반지하에 살 때 아이가 자주 놀러 다니던 놀이터가 있었다. 놀이터에 오는 또래 아이들은 인근 단독 주택이나 빌라에 살고 있었다. 반지하에 사는 친구는 한 명도 없었다. 아이는 아직 어릴 때라 멋모르고 신나게 놀았지만, 엄마인 나로서는 나중에 아이가 친구들에게 놀림받거나 주눅이라도 들까 봐 늘 염려스러웠다. 지상으로 이사하고 나니 그런 우려가 한시름 놓였다.

　사람들이 겪은 일이나 스트레스는 얼굴에 나타난다는데, 이사하고 나서 그 말을 크게 실감했다. 지상으로 이사 온 다음부터 동네의 또래 아이 엄마들로부터 예뻐졌다는 소리를 자주 들었다. 사실

외모는 달라진 게 없었다. 내 마음이 편해졌을 뿐이다. 반지하 주거 환경이 나의 마음까지 지배하고 있었다는 것을 알았다.

요즘은 반지하도 예쁘게 꾸미고 사는 사람도 많다지만, 나에게 반지하는 깊은 가난으로 기억된다. 행복하고 기쁜 일도 많았지만, 폭우가 내리는 날의 공포, 생활환경 때문에 병치레가 잦았던 아이에 대한 미안함, 창문 한번 마음대로 열 수 없었던 서러움 등 슬프고 구질구질한 기억이 많다. 열악한 주거 환경은 보이는 곳뿐 아니라 보이지 않는 곳에도 그늘을 드리운다. 나는 인생을 바꾸고 싶어 하는 사람이 있다면 지금 사는 곳부터 바꿔보라고 권하고 싶다. 특히 볕이 잘 들지 않는 집, 습기가 많은 집에 살고 있다면 어떻게든 돈을 모아 하루빨리 벗어나라고 말해주고 싶다. 집이 밝아지면 마음까지 밝아진다는 걸 깊이 실감한 까닭이다.

부동산의 핵심은
아파트다

아파트 공화국. 프랑스 지리학자 발레리 줄레조 교수는 아파트가 도시경관을 지배한 우리나라의 독특한 상황을 연구하며 한국을 아파트 공화국이라고 진단했다. 나는 이 아파트 공화국의 진정한 국민이 되고 싶었다. 아파트에서 살고 싶었다.

아들아, 나는 도시에서만 50여 년을 살았다. 그동안 이사를 28번 했다. 주택, 빌라, 아파트 등의 지하에서 고층까지 두루 경험했다. 그 경험을 토대로 아버지는 아파트야말로 주거 문화의 꽃이라고 자신 있게 말할 수 있다.

아버지가 처음 아파트로 이사한 날을 기억한다. 1984년 가을,

내가 고등학교 1학년 때 일이다. 당시 공무원이셨던 할아버지가 임대주택에 당첨되어 우리 가족은 아파트 생활을 시작했다. 고덕동에 새로 생긴 공무원 임대 아파트였다.

그 시절에는 포장 이사가 없었다. 이삿짐은 식구들이 직접 포장하고 날라야 했다. 이삿짐센터 인부들은 책장, 장롱, 냉장고 등 무거운 짐만 옮겨주었다. 이사를 간 아파트는 엘리베이터가 없는 계단식 5층 건물이었고, 우리 집은 4층이었다. 아버지는 이삿짐을 들고 4층까지 20번 정도 오르내렸다. 오전 11시 무렵 도착한 짐은 오후 1시가 넘어 대략 정리가 되었다. 그 시절 이사하는 날 점심 식사 메뉴는 약속이나 한 듯이 짜장면이었다. 이사한 집에는 주방 설비가 완비되지 않은 데다 주방용품도 어느 짐에 들어 있는지 알 수 없다. 그래서 대부분은 중국집에 전화를 걸었다. 짜장면이 도착하면 이삿짐을 한곳으로 밀치고 거실 중앙에 신문지 대여섯 장을 깔고서 그 위에서 식사를 했다. 아버지의 첫 아파트 생활은 그날의 짜장면 맛처럼 구수하고 달달한 행복으로 기억 속에 각인되었다.

주거 공간은 우리의 삶을 바꾼다. 그 사실을 아버지는 아파트 생활을 시작하며 깨달았다. 처음 시작하는 아파트 생활은 그전까지 경험한 단독 주택 생활과는 확연히 비교되었다.

첫 번째로 인상적이었던 것은 화장실이었다. 일단 집 안에 화장실이 있다는 것부터 신기했다. 그 정도로 아버지는 도시 촌놈이었다. 게다가 새 아파트의 화장실은 이것이 화장실인가 싶을 정도로 깨끗했다. 하얀 욕조와 양변기는 그야말로 번쩍번쩍 빛이 났다. 아버지가 그동안 살던 단독 주택의 화장실은 흔히 말하는 '푸세식'이었다. 언제나 똥 냄새가 진동해서 볼일을 보다 보면 머리며 옷에도 그 냄새가 스며들기 일쑤였다. 변소 혹은 속되게 '똥간'이라 불렸고, 사실 그렇게 부른다 해도 할 말이 없는 곳이었다. 그런 열악한 환경에 있다가 깨끗한 양변기에서 볼일을 해결하게 되니 삶이 한 차원 높은 곳으로 격상된 느낌이었다. 그건 문명이 준 큰 행복이었다.

두 번째로 놀라운 건 거실과 주방이었다. 그전까지 살던 단독 주택에는 거실이 따로 없었다. 가족 공용 공간으로 마당과 마루가 있었는데, 겨울에는 추위 때문에 아무것도 할 수 없었다. 식구들은 주로 안방에 모여 대화하고 밥을 먹고 잠을 잤다. 사적 공간과 공용 공간을 분리한다는 건 사치였고 당연히 사생활이 지켜질 리 없었다. 그렇게 살다가 아파트로 이사해서 겨울에도 반바지를 입고 함께 모여 TV를 볼 수 있는 거실이 생기니 그야말로 신천지였다. 전깃불이 없던 오지에 처음 전기가 들어와 환하게 밤을 밝혔을 때의 경이로움이 이 정도일까 싶었다.

주방도 놀라웠다. 단독 주택에 살 때는 따로 떨어진 부엌에서 밥을 하고 쟁반에 담아 안방으로 옮겼다. 식사 시간마다 안방에 밥상을 펴고 밥을 먹었다. 밥을 차리는 것도 치우는 것도 여간 번거

아들아, 부동산 공부해야한다

롭지 않았다. 겨울이면 연탄으로 난방을 하고 그 연탄불에 밥을 지었는데, 하루에도 몇 번씩 연탄을 갈며 불이 꺼지지 않게 잘 관리해 줘야 했다. 연탄을 갈 때면 매캐한 가스가 새어 나왔는데 그 냄새를 맡으면 온종일 속이 메스껍고 머리가 아팠다. 일산화탄소 때문이었다. 아파트 주방은 연탄불을 갈 필요가 없었고, 당연히 위험한 연탄 가스 냄새로부터 자유로웠다.

세 번째로 놀란 것은 외풍이 없는 방이었다. 이전에 살던 집은 외풍이 심해서 방 안의 공기가 늘 서늘했다. 잠을 잘 때면 이불 밖으로 나와 있는 코끝이 추위로 빨갛게 얼곤 했다. 그러다 겨울에도 반팔 차림으로 따뜻하게 지내게 되니 체감하는 차이가 컸다.

지금도 아버지에게는 아파트에서의 행복한 기억이 뿌리 깊게 박혀 있다. 아파트 생활에서 경험한 안락함은 이전과는 차원이 다른 것이었다. 아파트는 주거 문화를 격상시켰을 뿐만 아니라 투자 자산으로서 가치도 크다. 입지나 자재, 연식이 제각각인 주택과 달리 아파트는 표준화되어 자산 가치를 평가하기가 쉽다. 또 수요가 많다 보니 매수하고 매도하기도 가장 수월하다. 입지, 연식, 단지 수, 초등학교 및 학원가 등 집의 가치를 따질 수 있는 안목만 있다면 투자에서 실패할 확률이 거의 없는 안전 자산이다.

아버지가 아파트에 관해 이렇게 구구절절 얘기하는 이유는 하나 때문이다. 아파트는 현대 주거 문화의 정점이자 부동산 투자의 핵심이기 때문이다. 특히 아파트 공화국인 대한민국에서 아파트는 핵심 자산이자 사회경제적 가치를 나타내는 상징물이다. 단순히 아파트값이 오르내리는 것뿐 아니라 현대 사회에서 아파트가 차지하는 가치를 너희가 이해하길 바라는 마음이다. 가치를 볼 줄 아는 눈이 돈을 벌게 한다.

돈이 없으면
오라는 곳도 없다

50대의 퇴직은 단순한 사직이 아니다. 사회적 죽음이다.

아들아, 아버지는 퇴직하면서 참 여러 가지를 깨닫게 되었다. 내가 쌓아왔던 사회적 토대가 한순간에 물거품처럼 사라지는 것을 보았다. 매월 정기적으로 들어오던 월급이며, 형님 동생 하던 수많은 인맥, 그리고 명함 한 장으로 누리던 대우도 내 것이 아니었다. 어쩌면 월급쟁이란 우물 안 개구리처럼 착각 속에서 살아가는 행복한 바보인지도 모른다. 우물 속에서 나오면 천적과 위험이 득실대는 정글이지만, 안락한 우물 안에서 그것이 눈에 보일 리가 없다.

아버지는 네가 그 착각 속에 빠져 살지 않기를 바란다. 네가 직장에 몸담고 있을 때 공부하고 투자해서 반드시 자산을 일구길 바란다. 우물 안 생활에는 반드시 끝이 있기 때문이다. 그런 의미에서 월급쟁이가 착각하기 쉬운 월급, 명함, 인맥 세 가지에 관해 네게 일러두고 싶다.

첫 번째는 월급이다.

월급은 매월 꾸준히 들어오는 돈이다 보니 다음 달, 그다음 달에도 들어올 거라고 착각하기 쉽다. 직장인들은 그걸 믿고 카드 할부를 긁고 소비 계획을 세운다. 그리고 매월 안정적인 소득이 들어오니 새로운 소득을 창출할 준비를 하지 않는다. 그러나 월급은 퇴직과 동시에 끊긴다. 월급 이외에 다른 소득이 없다면 신용카드 한 장도 새로 만들 수 없고, 급히 돈이 필요해도 은행에서 대출받기도 어려워진다. 잔인한 말이지만 소득이 없다는 건 자본주의 사회에서 존재 가치가 사라지는 것이나 다름이 없다.

두 번째는 명함이다.

월급쟁이들에게 명함은 신분증과 다름없다. 가로 8센티미터, 세로 5센티미터의 종이 한 장이 월급쟁이가 몸담고 있는 회사와 직급을 증명하며 존재감을 보여준다. 큰 회사 이름, 높은 직급이 찍힌 명함은 대우를 받지만, 이 명함이야말로 빌려 온 것에 지나지 않는다. 회사를 대신해 역할만 잠시 빌렸을 뿐이다. 내가 아니어도 바로 다른 사람이 그 역할을 대신할 것이다.

그런데도 나는 명함이 마치 나 자신의 신분증명서나 되는 듯 생각했다. 중요한 것은 명함이 아니라 오로지 자신만의 존재 가치인데, 회사에 다닐 때는 그걸 미처 몰랐다. 자신만의 가치, 그것은 나만의 고유한 능력, 경력, 브랜드, 자본이 될 수 있고, SNS 파워가 될 수도 있다. 아들아, 너는 회사에 몸담는 동안 회사 밖에서도 너의 존재 가치를 세울 방법을 늘 고민하길 바란다.

세 번째는 인맥이다.

월급쟁이에게 인적 네트워크는 견고한 그물망으로 보인다. 몇십 년간 얼굴을 맞댄 직장 동료, 일을 하며 인연을 맺은 회사 관계자 등은 자주 보고 서로 챙기다 보니 마치 나의 인맥인 것처럼 착각하기 쉽다. 그러나 아버지가 퇴직한 후 그 견고할 것 같았던 인맥의 99%는 끊기고 말았다. 언제까지 이어질 것만 같았던 직장의 관계망은 사실 비즈니스로 엮인 얄팍한 것이었다. 회사라는 연결 고리가 끊어지는 순간 대부분 그냥 사라지고 만다.

아들아, 회사를 나가는 순간 회사가 제공하던 월급, 지위, 인맥은 모두 너의 것이 아니게 된다. 그리고 회사는 언젠가는 나가야 하는 곳이다. 그러니 직장에 있을 때 역설적으로 퇴직 후를 준비해야 하는 것이다.

퇴직 후 아버지가 처절하게 느낀 것은 나를 지켜줄 최후의 보루는 가족과 돈뿐이라는 사실이다. 그 외의 대부분은 회사를 나가는 순간 언제든 물거품처럼 사라질 것들이다. 아들아, 가족과 돈의 소중함을 명심해라. 아버지가 퇴직하고서 맞은 사회적 죽음을 너에게 들려주는 이유가 여기에 있다.

또한 그 소중한 가족을 지키는 것은 역시 돈이다. 인간 관계도 돈의 토대 위에 있다. 아내와 관계도 돈이고, 자식과 관계도 돈이고, 친구와 관계도 돈이다. 세상사는 돈으로 시작해 돈으로 끝난다.

돈이 없으니까 오라는 곳도, 가야 할 곳도 없다.

지난해 6월에 만난 어느 퇴직자의 하소연이다.

아버지는 2020년 9월 30일, 추석을 하루 앞두고 퇴직했다. 그날 이후 월급쟁이에서 작가로 변신했다. 운 좋게 책도 출간할 수 있었고, 운이 좋아 베스트셀러 작가도 될 수 있었다. 그래서인지 사람들은 내가 작가로서 제2의 인생을 잘 살고 있을 거라고 생각한다. 어떻게 퇴직을 준비해야 하는지, 어떻게 살아야 하는지 조언을 구하기도 한다. 그러나 아들아, 나는 아직도 퇴직의 악몽에서 벗어나지 못했다.

어젯밤에도 흉측한 악몽으로 등이 식은땀에 흠뻑 젖었다. 그렇게 새벽에 깨어나서 수건으로 식은땀을 닦고 다시 잠을 청했다. 쉽게 잠들지 못하고 한참을 뒤척였다. 사랑하는 가족이 있고 자산도 제법 있지만, 퇴직은 그것만으로 극복할 수 있는 것이 아니었다. 월급쟁이로서 살아온 25년의 무게는 쉽게 벗어던질 수 있는 것이 아니다. 이제 겨우 1년 몇 개월이 지났을 따름이다. 지금도 어떤 날은 조울증 환자처럼 갑자기 웃다가 갑자기 우울해지는 하루를 보낸다. 이것이 퇴직의 악몽이다.

아버지를 포함해 갑자기 세상 밖으로 나온 사람들은 이런 악몽을 겪는다. 그래서 너에게 이 말을 꼭 해주고 싶다. 너는 아버지처럼 퇴직 통보로 직장 생활을 마무리하지 마라. 너 스스로 네가 원하는 때에 사직서를 제출하고 당당히 걸어 나와라. 밀려나는 삶이 아니라 스스로 주도하는 삶을 살아라. 그러려면 네 생계가 회사에 좌우되지 않을 정도로 자산을 갖춰야 한다. 그러니 부동산을 공부하라는 것이다. 돈은 네 삶을 선택할 자유를 준다. 네가 경제적 자유를 쟁취해 당당하게 너의 삶을 살아가는 모습을 이 아버지는 보고 싶다.

사랑한다, 아들아.

부자들의 포트폴리오에는
반드시 부동산이 있다

아들아, 어제는 직장 다니던 시절부터 친하게 지내온 협력 업체 사장님과 점심 식사를 했다. 협력 업체 사장님은 자기가 돈을 벌어온 방법에 관해서 솔직하게 이야기를 해주셨다.

"정 작가, 사람들은 내가 사업으로 돈을 벌었다고 생각하는데 그건 착각이야. 재미있는 건 내가 사업으로 부를 쌓았다고 믿는 사람들은 정작 돈을 벌어본 적이 없는 사람들이라는 거야. 내가 사업으로 버는 이익은 매출의 2%도 안 돼. 1000억 원의 매출이 나오면 겨우 20억 원이 남을까 말까 하는 정도야. 그 20억 원도 대부분 기기와 설비에 투자하지. 그래야 사업이 계속 성장하니 말이야. 지금 내 자산이 1000억 원이 넘어가는데, 그 돈을 번 진짜 비법은 바로

아들아, 부동산 공부해야한다

부동산이야."

그분은 아버지가 현직에 있을 때도 비슷한 이야기를 했다.

"L마트와 거래해서 남는 게 별로 없어. 나는 돈은 따로 벌어."

그때는 "밑지고 납품한다"라는 사장님의 이야기를 그저 하는 말이려니 넘겨들었다. 그때의 아버지로서는 쉽게 이해할 수가 없는 말이었다. 그러나 이제는 명확하게 이해한다. 근래에 큰 부를 쌓은 사업가 몇 분을 만날 기회가 있었는데, 그분들은 자신이 진짜 돈을 번 비결은 부동산이었다고 귀에 못이 박히도록 강조했다. 내가 여전히 직장인이었다면 흘려들었겠지만, 나 역시 아내가 산 재건축 아파트 3채의 가치가 내 25년 직장 생활과 비교되지 않을 만큼 크다는 걸 뼈저리게 느낀 후였다. 어제도 협력 업체 사장님은 거듭 강조했다.

"대부분의 사업가는 사업을 통해 돈을 벌지 못해요. 중요한 건 '자본의 흐름'이지."

그 사장님은 이런 사실을 깨닫지 못하고 사업하는 사람은 망한다고 했다. 사업 그 자체로 돈을 벌겠다고 무작정 뛰어든 초보 사업가가 3년을 못 버텨내는 것도 이 때문이라고 했다. 사업으로 자산을 불리겠다는 생각은 어리석으며, 사업에 중요한 것은 그 자체로 성장하도록 구조를 갖추는 것뿐이라는 게 그분의 생각이다. 그분은 사업가가 진짜 돈을 버는 토대는 사업 자체가 아니라 사업을 둘러싼 자본의 흐름이라고 했다. 예를 들면 공장을 짓기 위해 매입한 땅의 가격이 오르거나, 지점 영업소로 매입한 건물의 시세가 급등하는 것 등이다. 그 사장님은 토지와 건물 가치 상승으로 자산 규모가 커지는 것을 경험하고는 적극적으로 대출을 받아 토지와 건물을 늘려갔다고 한다. 그렇게 해서 1000억 원대의 자산을 마련했다는 것이다. 식사 말미에 그 사장님은 이런 이야기를 덧붙였다.

"사업이란 일정 궤도에 오르면 알아서 돈을 벌어주는 거야. 내가 애써 일하지 않아도 우리 직원이 열심히 일해서 돈을 벌어주고 있지. 땅 역시 마찬가지네. 내가 일하지 않아도 지금도 알아서 가치가 상승하고 있지. 그래서 지금 나는 굳이 애써 일하지 않고, 애써 돈을 벌려고 욕심내지 않는다네."

아들아, 세계적인 프랜차이즈 S커피나 M햄버거 기업이 돈을 번 핵심 요인이 부동산이라는 것을 너는 익히 알고 있을 것이다. 그 둘을 커피나 햄버거 파는 기업이 아니라 부동산 기업이라 부르는 사람들까지 있을 정도다. 그런 세계적인 기업뿐만이 아니다. 크건 작건 부자들의 포트폴리오에는 반드시 부동산이 있다.

KB국민은행의 '2021 한국 부자보고서'에 따르면 금융자산 10억 원 이상 부자들의 자산에서 부동산이 차지하는 비율이 2016년 51.4%에서 2020년 56.6%, 2021년 59.0%로 점차 늘고 있다고 한다. 부동산 자산 가치가 상승하기 때문이다. 부자들 중 70% 이상이 수도권에 거주하고 있고 총자산 중 비중이 가장 큰 것도 거주주택이라고 하는데 이들의 집값이 크게 올랐다는 이야기다.

한 유명 투자자문사 대표는 주식으로 돈을 벌면 반드시 집을 사라고 조언한다. 자신이 지켜보니 주식으로 수익을 낸 사람 중 현재까지 그 수익을 유지하는 사람은 거의 없었다는 것이다. 집을 산 사람은 집이 남았지만, 그렇지 않은 사람은 부자가 되지 못했다는 설명이다.

이처럼 부동산은 포트폴리오 중에서도 가장 핵심이 되는 자산이다.

세계적인 투자자 워런 버핏은 "잠자는 동안에도 돈이 들어오는 방법을 찾아내지 못한다면 죽을 때까지 일해야 한다"라고 했다. 세상은 정말 그 말대로다. 부자가 되려거든 네가 일하지 않아도 너를 대신해 일해줄 자산을 일궈야 한다. 우리가 지금 부동산에 눈떠야 할 이유다.

부동산이란
무엇인가

아들아, 네가 잠자고 있는 동안에도 돈이 알아서 돈을 벌도록 하는 것, 그것이 재테크의 제1원칙이고 제2원칙이고 제3원칙이다. 흔히 말하는 불로소득이다. 불로소득을 얻는 방법을 찾지 못하면 죽을 때까지 근로소득에 의존하며 일을 하는 수밖에 없다. 노년까지 땀과 눈물로 얼룩진 근로소득에 의존하지 않으려면 지금부터 부지런히 재테크를 공부하고 실천해야 한다. 아버지가 가장 추천하는 것은 무엇보다 부동산 재테크다. 그리고 재테크를 시작하기 이전에 먼저 부동산이 무엇인지를 알아야 한다.

아들아, 부동산은 무엇일까? 부동산의 사전적 의미는 '토지와

아들아, 부동산 공부해야한다

그 정착물'이다. 토지는 땅, 그 정착물은 집과 건물을 의미한다. 다시 말해 땅과 집이다. 부동산과 대비되는 '동산動産'이라는 말도 들어보았을 것이다. 말뜻 그대로 '움직이는 자산'을 말한다. 돈, 증권, 집안의 물건 등 땅에 고정되지 않는 것이다. 기계나 전기 등도 동산이고, 자동차, 건설기계, 항공기, 선박도 동산이다.

재미있는 건 같은 사과라도 과수원 나무에 매달려 있으면 부동산이고, 수확해 시장에서 판매하면 동산이 된다는 것이다. 과수원 나무에 달린 사과는 부동산, 마트에 진열된 사과는 동산이다. 여기서 핵심은 땅에 고착되어 있느냐 아니냐다.

그 밖에도 부동산과 동산은 여러모로 다르다.

먼저 부동산과 동산은 사회경제적 가치가 다르다. 보통 부동산의 가치가 동산보다 훨씬 크다. 옷과 식품은 천 원 단위로도 살 수 있지만, 부동산은 최소 천만 원대나 억 원대에 거래된다. 그렇기 때문에 국가가 부동산에 대한 권리를 세세하게 법률로 정의하고 관리한다.

또 부동산과 동산은 권리 이전하는 방법이 다르다. 동산을 권리 이전하는 과정은 인도(사물이나 권리 따위를 넘겨주는 것)라고 한다. 동산과 달리 부동산에는 등기 절차가 있다. 국가기관인 등기관이 법정 절차에 따라서 등기부에 부동산의 표시 또는 권리를 기재하는 것을 말한다. 지난해 아버지도 셀프 등기를 했다. 사실 그때만 해도 왜 등기를 해야 하는지도 몰랐고, 해야 한다니 구역구역 했을 따름이다. 그래서인지 엄청 헤매고 다녔다. 오전 10시부터 구청과 은행, 법원을 정신없이 왔다 갔다 하다가 오후 4시가 되어서야 겨우 등기를 마칠 수 있었다.

부동산은 동산과 달리 점유만으로 권리가 이전되지 않는다. 그래서 등기를 통해서 권리를 인정받는다. 등기는 부동산 가격 산정의 기준이 되고, 감정평가로 적정한 가격이 형성되도록 한다. 여기에 관한 근거는 「부동산 가격공시에 관한 법률」에 정해져 있다.

마지막으로 부동산과 동산은 권리 설정할 수 있는 제한물권의 종류가 다르다. 부동산에는 용익물권用益物權이라는 게 있다. 다른 사람의 토지나 건물을 일정한 목적을 위해 사용할 수 있는 물권을 말한다. 다른 사람의 땅에 농사를 짓거나 건물을 지을 수 있는 지상권, 내 땅의 편익을 위해서 다른 사람의 땅을 이용할 수 있는 지역권, 그리고 가장 잘 알려진 전세권이 여기에 속한다.

누군가 너에게 빚을 졌다면 그걸 돌려받기 위해 행사할 수 있는 권리도 다르다. 부동산에는 저당권이라는 권리가 있고, 동산에는 유치권[1]이나 질권[2]을 설정할 수 있다.

---

1 빚을 변제받을 때까지 특정 물건을 유치하고 돌려주지 않을 권리. 예를 들어 소비자에게 세탁비를 받지 못했다면 세탁소는 그 돈을 받을 때까지 세탁물을 돌려주지 않을 수 있다.

2 채권자가 채권을 담보로 받은 담보물권. 쉽게 전당포를 떠올리면 된다. A가 금반지를 담보로 전당포에서 돈을 빌리면 전당포는 돈을 돌려받을 때까지 A의 금반지를 유치한다. 이후 돈을 받지 못하면 A의 금반지(질물)로 우선 변제받을 수 있다.

아들아, 부동산 공부해야한다

부동산 투자를 하다 보면 저당권, 전세권, 등기 등 용어를 자주 듣게 될 것이다. 그러니 관련 법률과 용어의 기본 개념은 꼭 숙지하길 바란다.

앞서 말한 특징을 간추리자면, 부동산은 동산에 비해 고액이고 권리 이전이 어려우며 개별성이 강하다. 다른 말로 하면 고액이라 자본이 필요하고 유동성이 떨어지기 때문에 시간이 필요하다는 의미가 된다. 수익과 안정성은 좋지만 현금 유동성은 떨어진다는 의미이기도 하다. 오늘 돈이 필요하다고 당장 현금화할 수 없는 재산이니, 부동산 투자를 한다면 자금 계획이나 현금 유동성을 꼭 염두에 두어야 한다. 무리하게 대출받아서 월급의 대부분을 대출금 상환에 쓰다가 갑자기 회사가 문을 닫아 소득이 끊긴다면 애써 장만한 집이 자칫 경매로 넘어갈 수도 있는 것이다.

그럼에도 부동산 투자를 강조하는 이유는 아버지가 살아오면서 본 바로 안전하면서 수익성이 높은 재테크 수단은 부동산뿐이기 때문이다. 꼭 투자가치를 따지지 않더라도 이 춥고 힘든 세상에 내 집 1채는 너무도 절실하다. 서울 땅에서 오랫동안 도시 난민으로 살아온 아버지의 경험이다. 아이들은 커가는데 내 집 없이 떠도는 설움, 마음대로 못 하나 박을 수 없는 생활, 언제 얼마큼 전셋값이 오를지 몰라 전전긍긍하는 생활은 오래 겪을 것이 아니다. 그러니 부동산 공부는 필수라고 생각하고, 아무리 바쁘고 힘들더라도 게을리하지 말아라.

사랑한다. 아들아.

주식보다
부동산을 먼저 공부해야 하는 이유

아들아, 너는 월급으로 당장 시작할 수 있는 주식 투자를 먼저 공부해야 하지 않느냐고 반문할 수도 있다. 물론 주식도 좋은 투자처다. 그러나 그보다 부동산 공부가 먼저라고 강조하는 이유가 있다.

먼저 실물의 유무다. 부동산은 땅과 집이라는 실물 자산이지만 주식은 신뢰를 바탕으로 만들어진 신용증권이다. 국가가 화폐의 가치를 보증하는 것처럼 기업은 주식의 가치를 보증한다. 기업이 투자자를 속인 게 드러나 가치가 추락하거나 기업이 문을 닫는 등의 상황이 일어나면 신뢰는 언제든 깨질 수 있다. 심지어 국가가 보증하는 화폐조차 그 신뢰가 하루아침에 깨지는 일이 발생한다. 짐바

브웨는 초인플레이션으로 화폐가치가 추락을 거듭하자 결국 자국 통화를 폐기했고, 불과 백여 년 전 독일도 초인플레이션으로 자국 통화가 그야말로 휴지 조각이 되는 일을 경험했다. 눈에 보이지 않는 신뢰는 이처럼 쉽게 깨질 수 있지만, 실물인 땅과 집은 물리적인 공간에 그대로 존재한다. 실물이 있는 부동산이 주식보다 더 명확한 자산이라는 이야기다. 그러니 부동산 투자가 주식 투자보다 더 쉽고 분명할 수밖에 없다.

둘째는 **투자 기간**이다. 요즘 주식은 증권 앱을 통해 클릭 한 번으로 매수와 매도를 할 수 있다. 객장이 열리는 시간에는 언제든지 주식 거래를 할 수 있다. 반면에 부동산은 매수와 매도가 복잡하다. 단순히 돈만 주고받고 끝나는 게 아니라 계약서를 작성하고, 약속한 기간에 중도금과 잔금을 지불하고, 매매 후에는 등기를 통해 부동산에 대한 권리를 공시하고 취득세, 양도소득세, 재산세 등 세금도 챙겨야 한다. 단순히 거래 금액만 큰 게 아니라 수시로 매수, 매도하기 힘든 자산이다. 그러니 대체로 부동산 투자자는 장기 투자를, 주식 투자자는 단기 투자를 하는 경우가 많다.

투자를 하려면 망원경의 렌즈를 통해 멀리 보아야 한다. 자산이 그 빛을 보기까지는 시간이 필요하기 때문이다. 이 때문에 어느 유명 작가는 투자를 하려면 자신의 본능을 통제할 수 있어야 한다고 했다. 손실이 났다고 전전긍긍하거나, 조금 이득을 보았다고 금방 팔아치우려는 본능을 이길 수 있어야 한다는 것이다. 그런 면에서 부동산은 상대적으로 본능을 다스리기 좋은 투자 수단이며, 자의로든 타의로든 장기 투자가 용이한 재테크 수단이다.

셋째는 변동성이다. 부동산의 변동성이 1이라면 주식의 변동성은 5 정도다. 특히 하락 장세에서 크게 출렁거리고, 심지어는 휴지 조각이 되기도 한다.

주식의 높은 변동성을 보여주는 용어로 '블랙 먼데이'라는 말이 있다. 1987년 10월 19일, 이날은 개장 초반부터 흐름이 이상하게 돌아갔다. 아침부터 갑자기 대량의 매도 주문이 쏟아졌다. 그날 뉴욕 증시은 하루 만에 22.6%까지 폭락했다. 그날이 월요일이었기 때문에 사람들은 '블랙 먼데이'라고 불렀다. 주식의 폭락은 그 이전인 1929년 10월 28일 대공황기에도 일어났다. 그때도 블랙 먼데이라는 용어가 사용되었고 1987년 이후 주가 폭락을 상징하는 보통명사로 자리 잡았다.

이처럼 변동 폭이 큰 주식의 속성을 보완하기 위해 고민한 사람들은 '서킷 브레이커'라는 제도를 만들었다. 서킷 브레이커는 주가가 급등 또는 급락하는 경우 주식 매매를 일시 정지하는 제도다. 주가가 급격하게 폭락하여 주식시장이 붕괴하는 걸 막기 위해 서킷 브레이커를 만들어야 할 정도로 주식시장은 변동성이 상당하다. 변동성이 크다는 건 위험성이 높다는 뜻이고, 이 위험성 때문에 주식 투자는 어려운 것이다.

반면 부동산은 주식보다 변동성의 폭이 작다. 특히 하락장에서도 바닥으로 곤두박질치는 사태는 벌어지지 않는다. 주식은 상장폐지로 원금이 0원이 되는 일도 상당하지만, 부동산에서는 그만한 가치 하락은 발생하지 않는다.

넷째, **공부의 범위**다. 주식은 공부해야 할 범위가 넓다. 산업의 트렌드를 알아야 하고, 재무제표를 볼 줄 알아야 하며, 투자하는 기업의 공시 자료는 물론 사업 전략과 기술을 알아야 하고, 시장의 흐름을 볼 수 있어야 한다. 그것도 남들보다 한발 앞서서 말이다.

너희도 얼마 전까지 BBIG(배터리, 바이오, 인터넷, 게임) 산업군이 뜬다는 기사를 접했을 것이다. 이런 기사를 읽고 시장에 뛰어든다면 대부분 이미 오르고 난 뒤에 매수한 격이 된다. 이미 남들도 아는 정보이기 때문이다. 남들이 알기 전에 어떤 산업이 떠오르고 있는지, 그 산업의 현황과 전망이 어떠한지 통찰할 수 있어야 주식으로 수익을 낼 수 있다. 그런 통찰과 내공을 갖추는 건 보통 사람이 어지간한 노력으로 할 수 있는 게 아니다.

또한 주식 공부를 하려면 기업의 재무제표 정도는 기본으로 볼 수 있어야 한다. 매출이 얼마이고, 손익이 얼마이고, 매출과 손익 대비 주가는 적정한지 판단하는 눈이 있어야 한다는 의미다. 주식의 투자가치를 평가하는 방법인 주가수익비율PER, 주당순이익EPS,

자기자본이익률ROE 등 개념은 기본이다.

대표적으로 PER을 보자. 이 비율은 주가가 그 회사 1주당 수익의 몇 배인지를 나타내는 지표로, 주가를 주당 순이익으로 나눈 것이다. ○○마켓이라는 기업의 주식 가격이 10만 원이고 1주당 수익이 2만 원이라면, PER은 5가 된다. PER 기준은 10이 보통이다. 기업의 순이익이 주식 가격보다 크면 클수록 PER이 낮게 나타난다. 따라서 ○○마켓 주식은 이익에 비해 주가가 낮으며 그만큼 기업 가치에 비해 주가가 저평가돼 있다는 의미로 해석할 수 있다. 반대로 PER이 높으면 이익에 비하여 주가가 높다는 것을 의미한다. 그러나 PER이 낮다고 해서 주가가 꼭 오르는 것은 아니며, PER이 높은 고평가 주식이라고 해서 떨어지는 것도 아니다. 그래서 주식이 어려운 것이다.

또한 주식 투자를 위해서는 매년 기업의 기술과 사업 전략을 파악할 줄 알아야 한다. 실현 가능한 전략인지, 아니면 별 효용이 없는 전략인지 볼 줄 아는 눈이 있어야 한다.

마지막으로 거시경제 흐름도 빼놓을 수 없다. 통화정책과 재정정책이 어떻게 바뀌고, 그것이 주식시장에 어떤 영향을 미치는지 꿰고 있어야 한다. 환율의 흐름도 이해해야 한다.

주식 공부는 이렇게 한도 끝도 없다. 반면 부동산 관련 제도와 법은 마음만 먹으면 누구나 알 수 있다. 1970년대 복부인으로 불린 부동산 투자자들이 가방끈이 길어서 투자를 한 게 아니다. 부동산 공부를 못 하는 이유는 관심이 없어서이지 공부가 어려워서가 아니다.

주식보다 먼저 부동산에 관심을 가져야 하는 이유다. 주식은 초보자가 돈을 벌기 쉬운 시장이 아니다. 그러나 부동산은 가능하다. 직장인도 얼마든지 공부할 수 있고, 얼마든지 자산을 키울 수 있는 것이 부동산이다. 일찍 깨우칠수록 부에 가까워질 수 있기 때문에 아버지가 애타는 마음으로 부동산 공부를 강조하는 것이다. 하루라도 빨리 부동산에 눈을 뜨길 바란다.

내 집 1채는
있어야 하는 이유

집은 인류 최고의 안전 자산이었다. 1만 년 전에도 그랬고, 1000년 전, 100년 전에도 그랬다. 인간뿐 아니라 동물도 부모로부터 독립하거나 자신의 가정을 이룰 때 가장 먼저 마련하는 게 보금자리다. 안전한 거주는 우리 DNA에 새겨진 본능 같은 것이다.

요즘 집값이 오르내리면서 집을 사야 하는가 말아야 하는가에 대한 논의가 많다. 나는 집은 꼭 사야 한다는 주의다. 무엇보다 내 집 1채는 꼭 있어야 한다고 생각한다.

먼저 자산의 증식 속도는 근로소득 증식 속도보다 빠르다. 내가 2017년에 5억 중반대에 구입한 아파트 가격이 지금은 16억 원대로 상승했다. 그때는 전세금에 1억 원대의 현금으로 아파트를 구입할 수 있었다. 지금은 그 돈으로 어림도 없다. 돈의 가치가 이전과 다르다. 물가가 올라서 그렇다.

　내가 좋아하는 길거리 음식 중 하나가 팥소가 들어간 붕어빵이다. 작년까지만 해도 3~4개에 1000원 하던 우리 동네 붕어빵이 올해는 2개에 1000원으로 가격이 올랐다. 물가 상승률로 보면 30%에서 50%다. 나만의 소소한 행복이었던 붕어빵 군것질을 이제는 망설이게 된다. 다른 식재료도 마찬가지다. 붕어빵은 참으면 그만이지만 채소와 가공식품은 매 끼니 밥상에 오르니 살 수밖에 없다. 1만 원을 가져가면 장바구니에 채울 수 있는 물건이 몇 되지 않는다. 주변에서 돈의 가치가 너무 떨어져서 돈 쓰기 겁난다는 주부들의 볼멘소리가 들린다.

　나만의 소소한 행복은 또 있다. 바로 여유롭게 커피 한잔 마시는 거다. 나는 아메리카노, 믹스 커피, 카페라테 등 종류를 가리지 않고 커피를 좋아한다. 지인 중에 바리스타도 있다. 그 지인은 요즘 원두값이 올라서 커피 전문점 운영이 힘들다고 매일 앓는 소리를 한다. 수입 원두 가격 상승 폭이 크기 때문에 원가 상승만큼 판매가를 올려야 한다고 한다. 그러나 코로나19 때문에 장사가 되지 않으니 섣불리 판매 가격을 올리지도 못하고 이래저래 힘들다는 것이다. 불황 때문에 가격 인상을 억누르고 있으나, 지인은 오래지 않아 커피 가격을 인상하게 될 것이다. 원가가 올라서 수익이 낮아지는

　아들아, 부동산 공부해야한다

상황을 감당할 수 없는 한계치가 곧 올 것이기 때문이다. 물가 상승이 커피값 인상으로 이어지는 건 정해진 수순이다.

그렇다면 집값은 어떨까? 건축자재 가격이 올라서 집 짓는 건축비도 올랐다고 한다. 여기에 인건비도 매년 오른다. 집값도 건축비 상승분만큼 오를 게 뻔한 이치다.

또 좋은 주택, 좋은 입지에 대한 수요는 꾸준하다. 모든 사람이 입지가 좋고 편의 시설을 갖춘 지역의 신축 아파트에 거주하길 바란다. 특히 강남 4구 지역이나 강북 핵심 입지 지역은 더욱 인기가 많다. 그래서 좋은 입지의 좋은 집에 대한 수요는 점점 높아진다. 모든 사람의 욕망이 입지 좋은 핵심 지역 아파트에 집중되는데 핵심 지역의 집값이 떨어질 리는 없어 보인다.

구축 아파트 투자만 하는 나 역시 내심 신축 아파트에 살고 싶다. 나는 신축 아파트에 딱 한 번 살아보았다. 남편이 대구에 발령받고 전세로 들어간 대구의 아파트에서 딱 9개월간 살았다. 그동안은 연식이 오래된 구축 아파트에만 살았기 때문에, 처음 들어간 신축 아파트가 너무 좋았다. 구축 아파트와는 비교할 수 없이 깨끗하고 편리했다. 다만 구축 아파트에 살면서 대충대충 살던 습관 때문에 주방 강화마루 여기저기에 흠집을 내는 바람에 그 집을 나올 때 제법 수리비를 배상해주고 나왔다. 그래도 다시 들어가서 살라고 하면 신축 아파트에 살고 싶다.

나는 재정 상태가 변변치 않은 상황에서 투자하다 보니 재건축 대상인 아파트 위주로 매매를 했다. 그래서 우리가 살아온 집은 대부분 연식이 오래된 곳이었다. 심지어 어릴 적 살던 시골집도 43년 된 옛집이다. 내 나이 여덟 살 때에 지어진 집이었다. 연탄보일러를 기름보일러로 바꾸고 새시도 교체하고 거실 마루도 난방을 했지만, 그래도 겨울 외풍이 심하고 불편한 점이 많았다. 우리 가족이 지금 살고 있는 구축 빌라도 외풍이나 보일러 고장 등을 생각하면 신축 아파트와 비교할 수 없이 불편하다. 이건 나만 느끼는 게 아니다. 나이 고하를 막론하고 누구나 신축이 편하고 좋다고 느낀다.

　　한번은 작은아이가 신축 아파트에 입주한 친구 집을 방문하고 나서 한동안 "엄마, 우리도 신축 가서 살아요"라며 졸랐다. 주거 환경이 너무 좋다는 것이었다. 사람이 안락한 생활을 누리고 싶어 하는 것은 본능이다. 아무리 세상이 변한다고 해도 수도권 신축 아파트, 프리미엄 아파트 수요는 절대 끊이지 않을 것이다.

　　하루가 멀다 하고 뉴스와 유튜브에서는 아파트 시장의 상승과 하락에 대한 소식이 쏟아지고 있다. 내일의 집값은 아무도 모른다. 그렇다 해도 불확실성이 내 집 마련을 안 할 이유는 될 수 없다고 생각한다. 10년 전, 5년 전에 불확실성 때문에 집을 사지 못한 사람들은 지금도 집을 사지 못한다. 내가 집을 살 때 집값이 떨어질 거라면서 말렸던 주변 지인들은 지금도 전세로 살고 있다. 집값이 떨어지면 마련할 거라던 지인들도 마찬가지다. 우리 집 자산이 15억 원에서 50억 원으로 불어난 5년 동안 전세를 사는 지인들의 상황은 5년 전과 비교해 거의 좋아지지 않았다.

　　우리 아이들은 단기적인 전망에 흔들리기보다 하루라도 빨리 내 집 마련을 했으면 하는 마음이다.

2장

종잣돈을 모으는

재테크 기술

너의
다섯 가지 질문

아들아, 너는 어제 나에게 투자에 관해 물었다. 네가 투자에 관심을 보이니 이 아버지는 무척 기뻤다. 네가 묻고 내가 답한 다섯 가지 내용을 한번 정리해보았다.

"아버지, 어떻게 직장 생활을 해야 경제적 독립에 가까워질 수 있을까요?"

너의 첫 질문이었다. 만약 네가 다니는 회사에 문제가 생겨 문을 닫거나 피치 못할 사정이 생겨 네가 직장을 관둬야 한다면 어떻게 될까? 바로 경제적 어려움을 겪게 된다. 세상에는 네 의지와 무

관한 일이 언제든 생길 수 있다. 1997년 IMF 외환위기 때 아버지가 다니던 직장은 부도가 났다. 아버지가 열심히 일하지 않아서가 아니다. 경영진의 방만한 경영, 현금 흐름 등 여러 원인이 회사 부도로 이어졌다. 회사 직원이었던 아버지는 월급도 제대로 받지 못하고 경제적 곤란을 겪어야 했다.

이후 옮긴 회사에서는 승승장구하며 25년을 다녔지만, 그마저도 재작년 갑작스럽게 퇴직을 통보받았다. 아버지의 의사와 상관없이 하루아침에 회사를 나가야 했다. 아버지뿐 아니라 직장인이라면 누구나 본인 결정과 상관없이 회사를 그만둬야 할 수 있다. 회사란 그런 곳이다. 그래서 직장인으로 살아서는 절대로 경제적 자유를 얻을 수 없다. 월급만으로는 충분하지도 않을뿐더러 회사 생활은 언제든 끝날 수 있기 때문이다. 그러니 직원으로 시작하되 직원으로 살아서는 안 되는 것이다. 직장 생활을 발판으로 돈 버는 시스템을 구축해야 한다.

"아버지, 그러면 돈 버는 시스템을 만들기 위해선 어떻게 해야
할까요?"

너의 두 번째 질문이었다. 아버지는 돈 버는 시스템을 배우라고 말했다. 또한 토대를 마련하기 이전에 먼저 경제적 독립의 방향을 명확하게 정립해야 한다고 강조했다. 아버지가 입버릇처럼 이야

아들아, 부동산 공부해야한다

기하는 "직원으로 시작해라. 그러나 직원으로 살지 말라"라는 말에 그 원리가 담겨 있다.

아버지는 직원으로 살지 않겠다고 선언하는 동시에 앞으로 직장인이 아니라 문화 자본가와 문화 사업가로 살아야겠다는 삶의 방향을 정했다. 명확하게 방향을 정하고 보니 갈 길이 보였다. 아버지는 지금 글을 쓰고, 유튜브 콘텐츠를 만들고, 문화 사업을 기획하는 길을 걷고 있다.

새벽 5시에 일어나 하는 글쓰기와 발성 연습도 그중 하나다. 너의 아침잠을 방해하는 시끄러운 발성 연습도 바로 그 준비를 위한 트레이닝의 일환이다. 또한 끊임없이 책, 영화, 사람들을 접하며 영상 콘텐츠 소재를 발굴하고 있다. 지금 아버지가 하는 활동이 바로 문화 자본가, 문화 사업가로 거듭나기 위한 준비다. 너도 너만의 시스템을 만들기 위한 노력을 게을리하지 마라.

"직장인이면 누구나 할 수 있는 돈 버는 방법은 어디 없나요?"

너의 세 번째 질문이었다. 아들아, 직장인이 돈을 벌 수 있는 시스템은 저축이다. 이것은 누구나 할 수 있는 방법이다. 안정적인 방법이지만 아무나 성공하지는 못한다. 저축에 성공하기 위해서는 세 가지를 명심해야 한다.

먼저 소득이 아니라 지출을 통제해야 한다. 소득은 종속변수다. 지출은 독립변수다. 고정된 소득을 바꾸는 것보다 지출을 줄이는 것이 훨씬 효과가 좋은 방법이다. 지출은 미래 자산을 위해 투자하는 투자 지출, 생필품 등 필수 물품을 구입하는 필요 지출, 필요는 없지만 갖고 싶다는 이유로 구입하는 욕망 지출로 구분해라. 똑같은 돈을 쓰더라도 투자 지출 비율을 늘리고 욕망 지출을 철저하게 통제하면 돈은 저절로 모인다.

또한 **명확한 목표**가 있어야 한다. 아버지와 엄마는 1997년부터 2007년까지 10년 동안 2억 3000만 원의 종잣돈을 모으겠다는 목표를 세웠다. 수익이 안정된 이후 매월 200만 원을 저축하고 남은 돈으로 생활했고, 그 결과 2007년까지 2억 3000만 원을 마련해 부동산 투자를 시작할 수 있었다. 돈을 아낀다는 건 즐거움을 참아야 하는 고통이다. 명확한 목표가 없다면 참아낼 수 없다.

마지막으로 **저축을 할 수밖에 없는 상황**을 만들어야 한다. 돈이 있으면 쓰고 싶은 게 사람 마음이다. 이런 본능을 통제하려면 강제적인 상황을 만들어야 한다. 아버지는 정기적금을 추천한다. 우리도 정기적금이라는 방법이 주효해서 종잣돈을 모을 수 있었다. 부동산 투자는 종잣돈이 있어야 가능하다. 너도 직장 생활을 시작한다면 무엇보다 종잣돈을 모으는 데 집중하고, 모을 수밖에 없는 상황을 만들길 바란다.

"저축은 너무 오래 걸립니다. 저축 이외에 다른 방법은 없나요?"

아들아, 부동산 공부해야한다

너의 네 번째 질문이었다. 아들아, 세상에 여러 투자 방법이 있지만 100% 이기는 방법은 저축밖에 없다. 모든 투자는 다 리스크가 있다. 주식 투자건 가상화폐 투자건 뼈를 깎는 공부가 필수고 여기에 남보다 앞선 고급 정보가 필요하다. 그러고도 급격한 변동성 때문에 대다수가 돈을 잃는다. 부동산 투자가 안정적이고 확실하지만, 여기에는 자본금이 필요하다. 부동산 재테크를 자본 없이 한다는 것은 주식을 정보 없이 하는 것과 마찬가지다. 그래서 우선 저축하라는 것이다. 저축으로 어떻게든 종잣돈을 만들어라. 이것이 경제적 독립으로 가는 첫 번째 관문이다.

삶이 그대를 속일지라도
슬퍼하거나 노여워하지 말라.
슬픈 날을 견디면
즐거운 날이 오리니.

너의 마지막 질문은 인생에 관한 것이었다. 너는 푸시킨의 시를 내게 보여주며 정말로 슬픈 날을 견디면 기쁜 날이 오는지 알고 싶다고 했다. 이 마지막 질문에 아버지는 바로 대답하지 못했다.

오늘은 그 질문에 답하고 싶다. 아들아, 인생의 답은 알 수 없다. 미래는 누구도 보장하지 못한다. 그래서 우리는 현재에 최선을 다할 수밖에 없다. 기쁠 때는 기쁜 마음으로 최선을 다하고, 슬플

때는 슬픔을 견디기 위한 마음으로 열정을 쏟아야 한다. 그렇게 참고 견뎌나가면 어느 순간 지나간 모든 날이 행복이 되는 것이다.

알면 돈이 되는
청년 지원 혜택

아들아, 젊은이는 이 사회의 미래다. 이 사회의 미래인데 취업난과 경제 저성장으로 인해 사는 게 퍽퍽하기 그지없다. 너는 그나마 빚 없이 대학을 다니고 있지만 네 또래의 많은 청년들은 수천만 원의 학자금 대출을 안고 사회생활을 시작한다. 사회 초년생의 급여가 그리 높지도 않은 상황에서 수천만 원의 빚을 갚으며 경제적 토대를 마련하기란 참 어려운 일이다.

청년들이 조금이라도 빨리 경제적인 기반을 마련하기 위해서는 여러 청년 지원 정책에 관심을 가지고 똑똑하게 이용해야 한다. 그래서 몇 가지 청년 지원 금융정책을 일러주고자 한다. 너와 네 또래 청년들의 종잣돈 모으기에 작은 도움이 되길 바라는 마음이다.

첫째는 **청년희망적금**이다.

소득이 낮은 청년들이 자산을 형성하는 데 도움을 주고자 만든 적금이다. 2022년 2월 21일 출시했으며, 대상 나이는 만 19세 이상 34세 이하(군필자의 경우 복무 기간만큼 연령 제한을 연장해주는데 이는 다른 청년 금융 지원 정책에도 일반적으로 적용된다)다. 소득 기준에 따르면 총급여가 3600만 원 미만(종합소득 금액 2600만 원)이어야 한다. 매월 50만 원까지 납입할 수 있으며, 만기까지 납입하면 시중 이자에다 1년 차 납입액의 2%, 2년 차 납입액의 4%의 저축 장려금을 추가로 지원받을 수 있다. 금리 효과로 치면 연 10%에 해당한다. 혜택도 혜택이지만 정기적금이라는 점이 중요하다. 종잣돈을 모을 때 가장 좋은 건 매월 강제 저축을 꾸준히 하는 것이다.

주거·교육 급여 수급 가구 및 차상위계층 청년, 연 소득 2400만 원 이하 청년을 위한 금융 상품으로는 **청년내일저축계좌**가 있으니 해당된다면 함께 살펴보면 좋겠다.

둘째는 너희가 중소기업에 취업한다면 받을 수 있는 청년내일채움공제, 중소기업 청년전세자금대출, 소득세 감면 혜택이다.

먼저 **청년내일채움공제**다. 만 34세 이하 중소기업 신규 취업자 중 고용보험 가입 이력이 없거나 12개월 이하인 청년이 대상이다. 중소기업에 다니면서 2년 동안 월 12만 5000원씩 총 300만 원을 납입하면 기업 300만 원, 정부 600만 원을 더해 총 1200만 원의 목돈

아들아, 부동산 공부해야한다

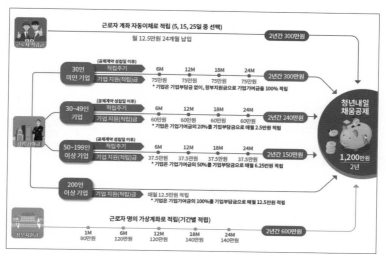

근로자 계좌 자동이체로 적립 (5, 15, 25일 중 선택)

월 12.5만원 24개월 납입   2년간 300만원

30인 미만 기업	(공제계약 성립일 이후) 적립주기	6M	12M	18M	24M	2년간 300만원
	기업 지원(적립)금	75만원	75만원	75만원	75만원	
		* 기업은 기업부담금 없이, 정부지원금으로 기업기여금을 100% 적립				

30~49인 기업	(공제계약 성립일 이후) 적립주기	6M	12M	18M	24M	2년간 240만원
	기업 지원(적립)금	60만원	60만원	60만원	60만원	
		* 기업은 기업기여금의 20%를 기업부담금으로 매월 2.5만원 적립				

50~199인 이상 기업	(공제계약 성립일 이후) 적립주기	6M	12M	18M	24M	2년간 150만원
	기업 지원(적립)금	37.5만원	37.5만원	37.5만원	37.5만원	
		* 기업은 기업기여금의 50%를 기업부담금으로 매월 6.25만원 적립				

| 200인
이상 기업 | 기업 지원(적립)금 | 매월 12.5만원 적립 |
| | | * 기업은 기업기여금의 100%를 기업부담금으로 매월 12.5만원 적립 |

근로자 명의 가상계좌로 적립(기간별 적립)

| 1M | 6M | 12M | 18M | 24M | 2년간 600만원 |
| 80만원 | 120만원 | 120만원 | 140만원 | 140만원 | |

청년내일
채움공제

1,200만원
2년

△ **중소기업 청년내일채움공제 내용.** 출처 = 청년내일채움공제.

을 만들 수 있다.

　다음은 중소기업 청년전세자금대출이다. 만 34세 이하 중소기업 재직 청년이 안정적으로 주거할 수 있도록 저렴한 이자로 전세자금을 대출해주는 제도다. 대상은 연 소득 3500만 원 이하(맞벌이 부부 5000만 원 이하), 순 자산가액 3억 2500만 원 이하 무주택 세대주나 예비 세대주다. 최대 1억 원을 연 1.2% 이자로 빌릴 수 있고, 만기가 2년이지만 최대 10년까지 연장할 수 있다.

　다음은 중소기업 소득세 감면 혜택이다. 말 그대로 중소기업에 취업한 만 34세 이하 청년의 소득세 중 90%를 감면해주는 제도이다. 연간 150만 원 한도로 5년까지 혜택을 받을 수 있다.

총급여 5000만 원 이하 또는 종합소득 금액 3800만 원 이하 청년을 대상으로 한 **청년형 소득공제 장기펀드**도 살펴볼 만하다. 납입 금액(연 600만 원 한도)의 40%까지 종합소득 금액에서 소득공제해주는 세제 지원 상품이다. 연말 세제 혜택이 높지만 원금을 손실할 수 있고 중도 해지 시 감면 세액 일부를 추징당할 수 있다는 점은 유의해야 한다.

또한 군에 입대했다면 **장병내일준비적금**에 가입할 수 있다.
군대에 있는 네가 지금 넣고 있는 그 적금이다. 월 최대 40만 원(계좌 당 최대 20만 원, 금융기관 통합 한도 최대 40만 원) 내에서 납입할 수 있는 연 5%대 고금리 적금 상품으로, 현역병, 상근예비역, 의무경찰, 의무소방원, 사회복무요원, 대체복무요원 등이 가입할 수 있다. 이자소득이 비과세인 데다 전역 시 만기 원리금의 33%를 정부가 추가로 지원한다. 월 40만 원씩 18개월간 납입하면 원금 720만 원에 은행 이자와 국가 지원 이자, 정부 지원금까지 더해 1000만 원의 목돈을 마련할 수 있다.

청년들은 새롭게 사회에 진출하는 사람들이다. 당연히 경제 기반이 약하다. 그래서 청년들이 이 사회의 일원으로 성장할 수 있도록 다양하게 지원하는 것이다. 대부분은 당사자가 신청해서 받아야 하는 혜택이니, 알고 있는 청년만 혜택을 받을 수 있다.

아들아, 부동산 공부해야한다

요즘은 인터넷 사이트에서 다양한 지원 제도를 확인할 수 있다. 예를 들면 일자리지원사업 통합접수시스템(apply.jobaba.net), 서울청년포털(youth.seoul.go.kr) 등 청년 지원 사이트에서 자신에게 해당되는 혜택을 알아볼 수 있다.

아들아, 여러 제도를 알고 활용하는 사람과 그렇지 못한 사람의 격차는 크다. 여러 지원 혜택은 물론 새롭게 만들어지는 금융 제도에 두루 관심을 기울이기 바란다. 알면 바로 돈이 된다.

돈이 모이는
저축 방법

22, 0.

이 두 가지 숫자는 나에게 아픈 상처다. 매달 22일, 남편 월급 통장의 맨 마지막 줄은 0원이었다. 어차피 이래도 힘들고 저래도 힘들다면 아예 강제적으로 저축해서 어떻게든 목돈을 모으고 싶었다. 아이들은 성장하고 돈 들어갈 곳도 많은데 이런저런 지출을 하고 나면 항상 남는 게 없었다. 이러다 평생 전셋집을 전전하는 게 아닌지 암담했다. 그래서 선택한 게 강제 저축이었다. 남편 월급날인 20일에 정기적금이 가장 먼저 빠져나가도록 했고, 이후에는 공과금과 보험료, 카드 대금 등 필수 지출이 자동이체되도록 했다. 그러다 보니 20일 월급이 들어와도 22일쯤이면 잔액 0원이 되기 일쑤

아들아, 부동산 공부해야한다

였다. 이것이 매월 22일, 우리 부부의 일상적인 대화였다.

> 남편: 오늘 외식하자.
> 나: 통장 잔고 0원이야.
> 남편: 20일에 월급 들어왔잖아.
> 나: 자동이체로 통장엔 0원.

신혼 초에 통장 쪼개기가 유행했는데 나는 성공하지 못했다. 통장 쪼개기는 용도가 각기 다른 통장을 만들어서 사용하는 방법인데, 나는 그렇게까지 관리할 돈이 없었다. 남편의 월급은 통장으로 들어오는 즉시 정기적금, 공과금, 보험료, 카드 대금순으로 빠져나갔다. 특히 신용카드 대금에 항상 변수가 많아 한 달 생활이 힘들어지는 경우가 적지 않았다. 카드 대금의 대부분은 아이들 학원비였다. 나는 이런 와중에도 정기적금만은 반드시 지켜내려고 발버둥쳤다. 만기까지 1년의 시간을 기다리는 일이 지루하기보다는 오히려 행복했다. 통장에 차곡차곡 쌓여가는 돈의 맛, 그것은 경험해보지 않으면 알 수 없는 값진 선물이며 행복이다.

통장 잔고 0원을 버텨낸 나만의 저축 노하우는 세 가지였다.
먼저 나는 저축을 위해 지출을 철저하게 관리했다. 월급이 들어오면 가장 먼저 적금이 빠져나가고 그다음으로 공과금, 보험료같이 꼭 나가야 하는 지출 항목이 자동이체되도록 했다. 그러고 나서 남은 돈으로 생활비를 지출했다.

어떤 달은 정기적으로 지출하는 항목 이외에 경조사비, 부모님 용돈, 자동차세, 재산세 등의 돈이 나갈 때가 있었다. 그런 달은 허리띠를 졸라매고 더 절약할 수밖에 없었다. 한번 목돈이 나간 후 그 여파가 한 달로 끝나지 않고 두 달 정도는 힘들게 생활해야 할 때도 있었다. 물론 나도 사람인지라 아이들이 힘들어할 때는 적금을 깨고 싶은 유혹에 시달릴 때도 있었다. 그럴 때면 적금은 이미 쓴 돈, 없는 돈이라고 생각하고 마음을 다잡았다. 그 덕분에 적금을 깨지 않고 만기까지 다 부을 수 있었다. 특히 나는 정해진 금액을 넣는 정기적금을 선호했는데, 매달 스스로 액수를 정하는 자유적금은 유혹이 너무 많았기 때문이다. '이번 달은 지출이 많으니까 저축을 줄여야지' 하고 마음먹으면 절대로 목돈이 모이지 않았다. 정기적금은 강제 저축이 가능했기 때문에 매월 200만 원 남짓을 적금에 부었다. 요즘은 예전과 다르게 예·적금에 가입해도 이자를 기대하기 어렵지만, 그럼에도 나는 지금도 정기적금을 선호한다. 남편이 퇴사한 지금은 예전만큼 큰 금액은 아니지만 매월 최소 10만 원씩 적금에 넣고 있다.

한 달에 200만 원을 저축하면서 느꼈던 그 충만한 희열만큼은 아니지만 10만 원도 내게 의미가 있다. 적금의 만기가 도래했다고 알려주는 문자는 마치 응원 문자와 같다. '안창순 고객님의 예·적금

아들아, 부동산 공부해야한다

만기 일자가 11월 22일입니다' 같은 문자를 스마트폰으로 받으면 그날 하루는 하늘을 날아가는 기분이다. 은행에서 만기된 적금을 예금으로 전환하고 돌아올 때 버스에서 느끼는 행복감은 말로 다 할 수 없다. 긴 시간을 인내한 나 자신이 대견하고 해냈다는 성취감도 만만치 않다.

둘째, 나는 가능한 한 대출을 빨리 상환했다. 나는 전세를 구하거나 아파트를 매매할 때는 대출을 적극 활용했지만, 일단 대출받은 후에는 어떻게든 만기가 되기 전에 일찍 상환했다. 대기업에 다니는 남편의 신용이 좋았기 때문에 전세 대출이나 담보대출은 남편에게 받게 했고, 나는 무엇보다 상환 계획을 꼼꼼히 짜고 빨리 대출을 갚는 데 초점을 맞췄다.

그래서 지금까지 받은 대출은 대부분 1년 안에 전액 상환했다. 중도 상환 수수료까지 내면서 빨리 갚는 게 바보 같은 일 아니냐고 할 수도 있지만, 1억 원을 4% 금리로 30년 동안 빌린다면 원리금 균등 상환 방식으로는 7000만 원, 원금 균등 상환 방식으로는 6000만 원이 넘는 이자를 지불해야 한다. 그나마 고정 금리라면 다행이지만 요즘같이 금리가 오를 때는 이자가 어디까지 불어날지 알 수 없다. 금리가 6%로 오르면 갚아야 하는 이자 금액만 원금을 훌쩍 넘게 된다(원리금 균등 상환 방식일 때).

그런데 1억 원의 대출을 1년 만에 갚는다면 중도 상환 수수료율 1.5%일 때 100만 원 남짓의 수수료만 부담하면 된다. 당장의 수수료는 남은 기간의 이자에 비한다면 비교도 할 수 없을 만큼 저렴한 대가다.

△ 네이버에서 '대출이자 계산기'를 검색하면 대출이자나 중도 상환 수수료를 쉽게 계산할 수 있다. 중도 상환 수수료는 은행마다 다르지만, 일반적으로 1.5%를 적용한다.

나는 통장에 돈이 있으면 먹지 않아도 배부르고, 잠을 자면서도 행복하고, 아침에 일어나는 것도 즐겁다. 그게 지금 당장의 행복을 유보하면서라도 저축하고 대출을 갚는 이유다.

아들아, 부동산 공부해야한다

세상에
푼돈은 없다

티끌 모아 태산이라는 말이 있다. 요즘은 티끌은 아무리 모아도 티끌이라고 한다. 하지만 나는 티끌을 모으면 태산은 아니어도 동산은 될 수 있다고 믿고 있다.

우리 집에는 길쭉한 저금통이 2개 있다. 하나는 큰아들 책상 위에, 다른 하나는 안방의 탁자 위에 놓여 있다. 언제부터 그렇게 두었는지는 기억나지 않는다. 저금통은 회사에서 선물 받았다고 남편이 가져다준 것이다. 나는 동전이 생길 때마다 저금통에 저금했다. 신용카드를 사용한 이후에는 잔돈이 생기는 일이 드물었지만 그래도 잔돈 모으기를 계속했다. 적은 돈이라도 소중히 여기고 싶었기 때문이다. 저금통에 모은 동전은 이사할 일이 생길 때마다 은행에 가서 지폐로 교환했다. 모을 때는 얼마 안 되는 동전이지만, 은행에서 바꿀 때 즈음이면 2~3만 원이 훌쩍 넘어가 뿌듯했다.

내가 직장을 다니면서부터는 은행에 가기가 힘들어져서 이사를 다닐 때도 그냥 저금통을 잘 챙기기만 했다.

3년 전쯤이었다. 이사를 준비하면서 동전을 교환하고 싶어서 동전을 정리했다. 그때 남편과 작은아들이 희귀 동전 검색을 도와주었다. 그날 시가가 40만 원이나 하는 10원짜리 희귀 동전을 발견했다. 환호성이 절로 나왔다.

나는 저축의 중요성을 친정아버지에게서 배웠다. 아버지는 허튼 곳에 한 푼 낭비하는 일 없이 절약하며 사신 분이다. 아버지가 아끼지 않고 쓰는 돈이라고는 우리 형제의 교육비와 땅을 사고 소를 사는 돈뿐이었다. 지금 생각해보면 아버지는 수익의 대부분을 투자 지출에 쓰셨던 것이다. 그 덕분에 아버지는 시골에서 손꼽히는 부자가 되셨고, 지금도 노후 걱정 없이 지내신다.

내가 대학교 4학년 때 일이다. 현장 실습 때문에 4학년 1학기 동안 지역 유치원에서 실습 교사로 근무하게 되었다. 그때 매월 25만 원을 받게 되었는데 아버지가 25만 원씩 3년 동안 정기적금에 가입하면 1000만 원을 모을 수 있다고 하셨다. 아버지가 용돈을 따로 주셨기 때문에 나는 그 25만 원을 고스란히 적금에 넣었다. 내가 불입을 시작했지만, 현장 실습이 끝난 후에는 부모님이 불입을 해주셨다.

3년 후 친정아버지는 적금이 만기가 되었다며 통장을 주셨다. 그 적금 통장에는 25만 원이 차곡차곡 쌓여 1000만 원이 모여 있었다. 그 적금 통장을 보면서 돈은 이렇게 모으는 것이구나, 알게 되었다.

결혼하고 한참 동안 남편의 외벌이 월급으로 생활했다. 물론 내가 돈을 관리했다. 나는 결혼 초부터 적금에 가입하고 싶었다. 그러나 할 수가 없었다. 남편이 첫 회사에서 받아 오는 월급은 너무 적었다. 게다가 그 회사는 곧 IMF로 부도를 맞았고 그래서 몇 개월간 월급이 100만 원도 안 된 적도 있었다. 그때 우리 부부는 저축은 커녕 기초 생활비를 대는 데도 허덕였다. 결혼하면서 생긴 대출금과 카드 대금도 있었기 때문에 매월 생활이 고달팠다.

다행히 남편은 얼마 가지 않아 새 직장으로 이직했다. 이직한 직장은 안정적이었지만 사회 초년생이나 다름없었던 남편의 월급은 그리 많지 않았다. 그래도 전보다 생활은 안정적이었다.

1998~2000년 6월까지는 적금은 소액만 넣고 예금 위주로 모았는데, 그렇게 예금한 돈은 예기치 못한 일(이사비, 자동차세, 아이 병원비 등등)들로 인해 곧 통장에서 사라졌다. 신혼 초 가장 힘들었을 때 악착같이 모은 500만 원도 결혼하면서 생긴 대출금을 상환하는 데 모두 사용했다.

남편 월급이 좀 오른 2000년 8월부터는 정기적금 위주로 돈을 모았다. 예금이나 강제성 없는 저금이 얼마나 쉽게 사라지는지 체감했기 때문에 강제적으로 돈을 저축하겠다는 마음이 컸다. 남편의 월급 중 200만 원을 매월 정기적금에 부었고, 공과금과 카드 대금 등 필수적인 지출금이 빠져나가고 남은 돈으로 생활했다. 그 시기에는 남편 상여금이 기본급의 800%로 올랐기 때문에 연말이나 명절이면 꽤 목돈이 들어왔다. 나는 그 돈도 없는 돈이라 생각하고 정기예금에 넣어 목돈으로 만들었다. 그렇게 2007년까지 2억 3000만 원의 종잣돈을 모을 수 있었다.

나는 2013년부터 직장 생활을 시작했는데 내 월급 전액도 정기적금으로 저축했다. 직장에 들어간 첫해 연봉은 1700만 원 정도였다. 큰 금액은 아니었지만 매년 조금씩 올라서 10년 차인 지금은 3500만 원 남짓의 연봉을 받고 있다. 내가 직장 생활을 시작하면서부터는 남편 월급의 50%를 무조건 정기적금에 넣었다. 월급이 420만 원이면 210만 원을 정기적금으로 넣는 식이었다. 거기에 내 월급을 모두 저축하니 매월 정기적금 액수가 꽤 되었다.

가계 수입의 대부분을 저축하다 보니 생활은 여유롭지 않았다. 가족들 옷은 중고 장터에서 사 입혔고, 새 물건을 사는 일은 거의 없었다. 내가 집에서 주로 입는 옷은 남편이나 아이들이 안 입는 옷이다. 오히려 그런 옷이 편하다. 가전제품도 부품이 없어서 더는 못

고친다는 진단을 받아야 중고로 재장만했다. 그렇게 모은 종잣돈은 집을 구매할 때 유용하게 사용할 수 있었다.

요즘은 '티끌 모아 태산'이라는 말보다 '티끌 모아 티끌'이라는 말이 더 공감을 얻는다고 한다. 내일을 위해 오늘 구질구질하게 아끼는 것보다 오늘을 위해 기꺼이 소비하는 걸 선호한다고. 하지만 내 경험에 비춰봤을 때 티끌도 모이면 큰 힘이 된다. 티끌을 모아서 태산을 만드는 건 불가능할 수 있어도, 모은 티끌을 눈덩이처럼 불리면 동산은 될 수 있다. 우리 가족이 2007년까지 10년간 티끌처럼 모은 종잣돈 2억 3000만 원은 그 자체로는 태산이 되지 못했지만 오늘날까지 만든 자산 50억의 밑거름이 되었다.

짠순이 엄마의
외식 풍경

돈이 있다고 다 행복한 건 아니지만, 돈이 없으면 불행하게 될 확률이 높다. 폭우가 내리면 금방이라도 물이 쏟아져 들어올 것 같던 반지하에서, 한겨울에 보일러가 고장 나서 아픈 아이를 안고 어쩔 줄 모르던 그곳에서 나는 돈의 무서운 힘을 깨달았다. 돈이 없어서 아이를 추위에 떨게 하고, 비염과 아토피로 아프게 하면서도 무력하게 지켜볼 수밖에 없었다. 내가 지질하게 돈을 아끼고 악착같이 돈을 모은 이유는 어떻게든 돈이 없다는 두려움에서 벗어나기 위해서였다.

우리 가족이 어쩌다 오랜만에 외식이라도 할 때면 내 짠순이

아들아, 부동산 공부해야한다

강박증 때문에 이런 풍경이 펼쳐지곤 했다.

> 남편: 돼지갈비로 4인분 주세요.
> 나: 3인분에 공깃밥 하나 추가로 해주세요.
> 남편: 4명인데 왜 3인분을 시켜?
> 나: 나 돼지갈비 잘 안 먹어. 3인분으로 주세요.

남편은 1인분을 덜 시키는 내가 창피하다며 면박을 주기도 했지만, 나는 체면도 배부른 사람이나 차릴 수 있는 것이라 생각했다. 그때의 나는 빨리 돈을 모아 우리 집을 마련하는 게 급선무였다. 그러기 위해서는 여러 경제생활에서 힘든 점을 견뎌야 했다.

나에게 우선순위는 저축이었고 소비는 맨 마지막이었다. 그래서 불필요한 것은 거의 사지 않았다. 나는 홈쇼핑이나 온라인 쇼핑으로 소비를 하지 않는다. 아이들이 어렸을 때 온라인 카페에서 운영하는 곳에서 책을 구매한 것이 거의 유일한 온라인 쇼핑이었다. 지금까지 25년간 주부로 살면서 온라인 쇼핑을 한 횟수는 손에 꼽을 정도다.

대신 동네 마트, 시장, 대형 마트를 이용했다. 이렇게 하면 짐이 무거워서 들고 다니기가 힘드니 꼭 필요한 것만 사게 되어 충동구매를 줄일 수 있었다. 또 대형 마트와 동네 마트에 갈 때면 세일

전단지를 꼼꼼하게 확인해 필요한 생필품을 저렴하게 구입하곤 했다. 요즘은 사람들 대부분이 쉽고 간편한 온라인 쇼핑이나 새벽 배송으로 생필품을 산다지만 나는 아직 눈으로 보고 필요한 만큼 구입하는 오프라인 쇼핑을 선호한다.

가계부를 작성하지는 않지만 대신 모든 소비는 체크카드 위주로 사용해 예산을 넘지 않도록 했다. 꽤 오랫동안 나는 내 이름으로 된 신용카드가 없었다. 남편의 신용카드와 체크카드를 사용하였다. 2013년 직장에 다니면서 비로소 내 이름으로 된 교통카드 겸 체크카드와 아이들 용돈용 체크카드를 만들었다. 신용카드도 이후에 카드사의 권유 때문에 만들기는 했지만 사용한 적은 거의 없다. 지금도 물건을 구입할 때는 남편의 신용카드나 내 체크카드를 사용한다.

돈의 무서움을 알게 되면 쉽게 돈을 쓰지 못한다. 그리고 쉽게 돈을 쓰지 못해야 돈을 모을 수 있다. 나는 아이들이 돈의 무서움을 조금이라도 알았으면 좋겠다. 돈으로 행복을 살 수는 없지만, 돈이 없어 생기는 가난과 불행을 막아낼 수는 있다. 나는 우리 애들이 우리 품을 떠나고 독립했을 때 돈이 없는 불행을 겪을까 두려웠다. 그래서 악착같이 짠순이 엄마로 살았다. 우리 집안의 악역은 늘 내 몫이었지만, 악역을 자처한 덕분에 우리 가족은 가난의 수렁에서 빠져나올 수 있었다.

아들아, 부동산 공부해야한다

돈 들이지 않고도
잘 가르치는 방법

사실 엄마로서 내가 가장 욕심낸 것은 아이들 교육이다. 나도 부모로서 아이들에게 더 좋은 것을 입히고, 더 비싼 교육을 받게 해주고 싶은 욕심이 있었다. 하지만 종잣돈을 모아야 하는 상황에서 아이들 교육비에 큰돈을 쓸 수는 없었다. 그래서 나름대로 엄마의 지혜를 짜내 아이들을 가르쳤다.

나는 아이들이 책을 가까이하길 바라는 마음이 있었다. 그래서 돈 들이지 않고 책을 구하는 방법을 고민했다. 아이들이 어렸을 때는 중고 서점에서 책을 사서 읽어주었다. 조금 커서는 공공 도서관에서 많은 시간을 함께 보냈다. 집으로 돌아올 때는 공공 도서관에서 매일 열 권 이상의 책을 빌려 왔다. 책을 많이 사주지는 않았지만 많이 읽어주었고 아이들 스스로 독서하도록 이끌었다. 그 덕분에 아이들은 경기도 독서왕 선발대회에서 구리시 대표로 선발되기도 했다. 독서왕 선발대회의 부상으로 온 가족이 일박 이 일로 파주 영어마을에서 열린 독서캠프에 다녀오기도 했다. 그 독서캠프 프로그램이었던 작가 사인회에서 김훈 작가가 『자전거 여행』이라는 책에 사인을 해주셨는데, 그 책은 지금도 우리 집 가보로 남아 있다.

아이들 장난감과 옷도 중고를 활용했다. 사촌이 사용하던 장난감을 물려받기도 했고, 종종 어린이 장난감 도서관에서 빌려다가 놀기도 했다. 아이들이 어릴 때는 대부분의 옷을 사촌 누나와 사촌 형이 물려준 것으로 입혔다. 또 아이들이 성장한 다음에는 아름다운가게에서 중고 옷을 사다 주었다. 큰아들은 사촌 누나 옷 때문에 친구들에게 놀림당한 적이 있었다고 하는데, 그 이야기를 들었을 때 아이들에게 참 미안했다.

쌀과 채소는 시골에서 농사짓는 부모님이 주로 보내주셨다. 나는 아이들이 무엇보다 음식을 남기지 않도록 교육시켰다. 할아버지와 할머니가 얼마나 힘들게 농사지어 보내주셨는지 강조하고 먹을 때마다 감사한 마음을 갖고 깨끗이 먹도록 교육했다. 집 밥뿐 아니라 식당 밥을 먹을 때도 그렇게 하도록 했다. 밑반찬까지 깨끗이 비

아들아, 부동산 공부해야한다

우고 남기지 않도록 했다. 음식점에서 남은 음식은 전부 버려진다. 아직도 세계 곳곳에는 먹을 것이 없어서 굶는 아이들이 많다. 당장 우리 주변에도 배고픈 사람이 적지 않다. 아이들이 음식의 귀함을 알고 감사히 먹길 바라는 마음이 컸다.

또 저축하는 습관을 길러주기 위해 아이들 용돈은 저축하게 했다. 우리 아이들은 용돈을 넉넉하게 받지 못했기 때문에, 주변 어른들이 용돈이나 명절 세뱃돈을 줄 때에나 목돈이 생겼다. 나는 아이들 이름으로 청약 통장을 만들어 명절에 받는 세뱃돈은 모두 예금하게 했다. 아이들이 커가면서 불만을 제기해서 나중에는 세뱃돈의 50%만 통장에 넣고 나머지는 자유롭게 사용하도록 했다. 어릴 때부터 저축 습관을 익힌 덕분인지 아이들은 군대에 가서도 얼마 되지 않는 월급을 쪼개 적금에 넣었다. 어떻게 보면 간식을 사 먹고 휴가비로 쓰기에도 적은 돈인데, 그 돈을 쪼개 저축했다는 게 기특하다.

아이들은 절약하고 돈을 모으는 습관이 몸에 배어 있다. 풍족하게 가르치지는 못했지만, 아이들은 훌륭하게 자라주었다. 요즘 아이들답지 않게 절약하고 저축하는 모습을 보여주고 있다. 그걸 보면 꼭 풍족하게 지원하는 것만이 답은 아닌 듯하다. 엄마, 아빠가 바람직한 모습을 보여주는 것만큼 큰 교육은 없다는 생각이다.

재테크 성공은
시간에 비례한다

아들아, 시간의 크기는 시각의 크기다. 하루를 사는 사람에게는 하루만 보이고, 한 달을 사는 사람에게는 한 달이 보이고, 한 해를 사는 사람에게는 한 해가 보인다. 1997년 IMF 외환위기와 2021년 팬데믹 위기 사이에 24년이 흘렀다. 그 24년을 경제적인 관점으로 본다면 무엇을 알 수 있을까? 그래서 24년 동안 짜장면값, 월급, 아파트값, 주가가 어떻게 변화했는지 살펴보았다.

먼저 물가다. 24년 동안 짜장면값은 얼마나 올랐을까? 1997년도 짜장면값은 평균적으로 3000원 선이었다. 2021년 짜장면값의 평균은 6000원 선이다. 대략 24년이 지난 지금, 짜장면값은 3000원

아들아, 부동산 공부해야한다

정도 올랐다. 인상률을 계산하면 약 100%다. 짜장면값이 소매 물가를 대표한다고 치면, 소매 물가 인상률이 100%라는 의미다.

다음은 임금 상승률이다. 24년 동안 우리 월급은 얼마나 올랐을까? 1997년 대졸 신입 사원 평균 연봉은 약 1860만 원 선이었다. 그리고 2021년 대기업 대졸 신입 사원 평균 연봉은 4121만 원 선 (2021년 잡코리아 조사)이다. 대략 24년이 지난 지금, 직장인의 초봉은 2260만 원 정도 올랐다. 인상률을 계산하면 약 122%이다. 대졸 신입 사원 연봉을 기준으로 임금 인상률을 산정하면 약 122% 올랐다는 말이다.

다음은 아파트값이다. 24년 동안 서울시 아파트값은 얼마나 올랐을까? 1997년 서울 강남의 H아파트가 1억 5000만 원이었다. 2021년에는 그 아파트가 15억 원이 되었다. 아파트값은 약 13억 5000만 원, 상승률로 계산하면 약 900% 올랐다(상승률을 명확하게 보여주기 위해 대표적인 사례를 들었다는 점을 감안하기 바란다).

다음은 주식 가치 상승률이다. 24년 동안 주가는 얼마나 올랐을까? 1997년 S전자 주식이 810원이었다. 2021년 4월 기준 S전자 주식은 8만 2000원이다. 24년 동안 S전자 주식은 약 8만 1000원 올랐다. 상승률은 약 1만%다. 대표적인 주식을 기준으로 주가 상승률을 산정하면 대략 1만% 상승했다(많은 주식이 상장이 폐지되는 등 부침을 겪었고, 살아남은 기업의 대표적인 주식을 사례로 들었다는 점을 감안하기 바란다).

아들아, 1997년과 2021년의 지표를 정리한다. 먼저 짜장면값으로 예를 들은 건 소매 물가다. 소매 물가는 화폐의 가치를 보여준다. 소매 물가가 100% 상승했다는 말은 화폐의 가치가 1997년 대비해서 100% 하락했다는 의미다.

연봉이 나타내는 건 근로자의 임금 인상률이다. 근로자의 임금 인상률은 서민의 소득 증가를 나타낸다. 서민의 소득은 1997년 대비해서 122% 정도 올랐다고 보면 된다.

아파트값 상승은 부동산 자산의 상승률이다. H아파트 가격 상승률은 강남의 자산 증가를 나타낸다. 강남의 부동산 가치는 900% 올랐다.

주가 상승은 기업의 자산 상승률이다. S전자의 자산 상승률은 S전자의 자산 증가를 나타낸다. S전자의 사업가와 투자자의 자산은 1만% 증가했다고 보면 된다.

아들아, 이 네 가지의 경제지표 변화를 비교하면 근로자와 사업가와 자본가의 자산 변화를 살펴볼 수 있다.

먼저 근로 생활자는 더욱 힘들어졌다. 1997년과 2021년의 짜장면값과 월급을 비교하면 2021년의 근로소득 생활자의 경제생활 수준을 가늠할 수 있다. 임금은 소매 물가와 비슷하게 올랐다. 임금은 올랐지만 그만큼 화폐가치는 하락했다. 2021년의 사회 초년생은 1997년의 사회 초년생에 대비해 실질소득이 늘지 않았다. 반

아들아, 부동산 공부해야한다

면 부동산 가격은 대폭 상승했기 때문에 2021년의 근로 생활자는 1997년의 근로 생활자에 비해 집을 사는 데 훨씬 오랜 시간이 걸리게 되었다. 현재 수준에서 급여 생활자는 월급을 한 푼도 쓰지 않고 28년간 모아야 서울 시내 아파트를 살 수 있다.

자산가는 점점 더 부자가 되고 있다. 1997년에 강남 아파트를 산 사람의 자산은 900% 올랐으며, S전자 주식을 산 사람의 자산은 무려 1만% 올랐다. 자산을 가진 사람과 사업가, 투자자는 더 부자가 되었다. 근로 생활자와 자산가, 기업가의 격차는 점점 더 벌어지고 있다.

정리하자면 자산가, 기업가, 투자자는 더 부자가 되었고, 근로 생활자는 상대적으로 더 가난해졌다. 물론 앞으로의 24년이 지난 24년과 똑같이 흘러가리라는 보장은 없다. 다만 지난 24년을 통해서 교훈은 얻어야 한다.

앞으로 24년 후에 짜장면값은 얼마가 될 것인가?
앞으로 24년 후에 월급은 어떻게 변할 것인가?
앞으로 24년 후에 아파트값이 어떻게 흘러갈 것인가?
앞으로 24년 후에 주가는 어떻게 흘러갈 것인가?

아들아, 이렇게 시간의 크기를 키워서 바라보아야만 미래가 보인다.

지난해 어느 회담에서 아마존 창립자 제프 베이조스는 세계적 투자자 워런 버핏에게 이렇게 물었다.

"당신의 투자 전략은 아주 간단합니다. 장기 투자입니다. 왜 모두가 당신을 따라 하지 않습니까?"

워런 버핏은 이렇게 말했다.

"그 누구도 천천히 부자가 되고 싶어 하지 않기 때문입니다."

아들아, 시간 속에 돈과 지혜가 있다. 지금 고통스럽더라도 하루빨리 종잣돈을 모으고, 하루라도 빨리 재테크를 시작해야 하는 이유다.

사랑한다, 아들아.

자본 생성기,
자본 운영기, 자본 성숙기

아들아, 너도 알다시피 우리 가족이 2500만 원짜리 반지하에서 50억 자산을 모으기까지 25년이 걸렸다.

25년은 길다면 길 수 있다. 지금 네가 스물네 살이니 너에게는 긴 세월로 느껴질 것이다. 하지만 투자의 관점에선 결코 긴 시간이 아니다. 너도 가진 것 없는 무일푼에서 근로자로 사회생활을 시작할 것이다. 그렇다면 네 인생을 길게 보고, 긴 안목으로 경제 계획을 짜야 한다.

엄마와 아빠는 1997년 10월 결혼하면서 고덕동의 2500만 원

반지하 전셋집에서 신혼살림을 시작했다. 이제 와서 지난 25년을 돌아보면 참 눈 깜짝할 사이에 지나간 듯하다. 그 25년을 투자의 관점에서 정리하면 3단계로 나눌 수 있다. 1단계 자본 생성기, 2단계 자본 운영기, 3단계 자본 성숙기다.

먼저 1단계 자본 생성기다.

말 그대로 자산을 만드는 기간이다. 우리 가족의 자본 생성기는 종잣돈 모으기에 골몰했던 1997년부터 2007년까지의 10년이다. 자본 생성기에는 돈을 잘 버는 소득 전략, 돈을 잘 쓰는 지출 전략, 돈을 잘 쌓는 저축 전략을 두루 잘 세워야 한다. 우리 가족은 아버지가 소득을, 엄마가 지출과 저축을 담당했다.

아버지는 직장에서 온몸을 불살라 일했다. 꼬박꼬박 승진을 거듭한 덕분에 월급은 매년 상승했다. 엄마는 한 푼이라도 아끼고 저축하는 전략으로 목돈을 만들어나갔다. 그렇게 10년 동안 2억 3000만 원의 종잣돈을 만들 수 있었다.

너는 종잣돈 만들기에 10년은 너무 길다고 생각할지 모른다. 그러나 세상에 공짜 점심은 없다. 마찬가지로 종잣돈 없는 투자도 없다. 그 시간이 길고 지루할지라도 그 고통의 시간을 견뎌야 한다. 종잣돈 모으기는 이르면 이를수록 좋다. 너도 직장에 취직하면 바로 일정 금액을 정기적금에 넣고 종잣돈 모으기를 시작해라. 1억 원이건, 2억 원이건 목표를 정하고 하루빨리 모아 투자를 위한 토대를 마련해라.

그다음은 2단계 자본 운영기다.

1단계에서 모은 자산을 운용하여 불리는 기간이다. 우리 가족으로 따지면 집을 마련하고 재건축 아파트 투자를 했던 2007년부터 2017년까지가 자본 운영기에 해당한다. 특히 2017년이 분수령이 되었다. 2017년 엄마가 악착같이 모은 돈에 아버지의 신용대출금과 주택 담보대출금을 합해서 서울의 재건축 아파트에 투자할 수 있었다.

자본 운영기에는 레버리지를 현명하게 활용해야 한다. 이 시기에는 감당할 수 있을 만큼의 레버리지를 활용해 자산을 극대화하는 전략이 주효하다. 우리가 아파트 3채에 투자할 수 있었던 것 역시 전세를 통해 투자금을 줄이고, 부족한 돈은 대출을 적절히 활용했기 때문이다.

마지막은 3단계 자본 성숙기다.

우리 가족의 자본 성숙기는 2017년부터 지금까지 5년에 해당한다. 2017년 마련한 재건축 아파트의 가치가 오르면서 우리 가족의 자산은 기하급수적으로 늘어났다. 이젠 웬만한 경제적 풍파에도 생활 기반이 흔들리지 않는 경제적 자립을 이뤘다.

아들아, 부동산 투자는 장기 투자다.

너의 인생에서 몇 년을 종잣돈 모으기에 투자할지, 어느 기간에 어떤 부동산에 투자하기 시작할지, 어떤 레버리지 전략을 이용할지 지금부터 계획을 세우기를 바란다. 기회는 준비된 자만이 잡을 수 있다. 저평가된 자산을 발견하거나 뜻밖의 기회로 집 살 기회가 오더라도 자금이 없다면 기회를 놓치게 된다. 미리 투자를 계획하고 준비해야 하는 이유다. 잘 준비해서 꼭 부의 기회를 잡을 수 있길 바란다.

백화점 대신
아름다운가게에 가는 이유

사람들은 새 옷을 사면 보통 5.5회 입는다고 한다. 많은 옷을 몇 번 입지도 않고 버리는 것이다. 나는 중고 매장을 선호하고, 한 번 산 옷은 두고두고 해질 때까지 입는다. 내가 짠순이인 까닭도 있겠지만 어떤 물건이든 그것의 쓰임이 다할 때까지 아껴 사용하고 싶다. 물건에 애정을 가지고, 쓸 만한 물건은 계속 고쳐 사용하며 함부로 버리지 않았던 아버지의 영향일 수도 있겠다. 그래서인지 나는 새 상품을 사는 일이 거의 없다.

결혼 후부터 최근까지 내가 백화점에 간 날은 손으로 꼽을 정도다. 신혼 때는 여유가 없어서 갈 엄두를 내지 못했다면, 지금은 백화점에 가도 살 게 없어서 좀체 발길이 머물지 않는다. 대신 내가 주로 이용하고 가장 좋아하는 곳은 우리 동네 고덕동에 있는 아름다운가게다. 아름다운가게는 중고 물품을 판매하고 수익금을 사회 사업에 사용하는 기관이다.

내가 아름다운가게를 즐겨 찾기 시작한 건 2012년부터다. 나는 1997년부터 수년간 명일동과 고덕동에 살았다. 그래서 그 동네를 잘 알고 있었지만 당시에는 아름다운가게가 주변에 없었다. 2000년부터 2010년까지는 구리시에서 살았기 때문에 아름다운가게의 존재를 몰랐다. 내가 구리에 사는 동안 고덕동에 아름다운가게가 생긴 것 같다. 2010년 다시 명일동으로 이사 왔을 때도 몰랐다가 2012년 구립 도서관에 가던 중 아름다운가게를 발견했다. 그 때부터 우리 가족의 옷이며 생활용품 대부분은 아름다운가게 표가 되었다.

2012년도에는 직장에 다니지 않았기 때문에 필요한 물건이 있으면 아름다운가게로 출근하다시피 했다. 구석진 곳에서 나와 딱 맞는 상품을 그것도 500원, 1000원에 발견하여 구입하는 재미가 남달랐다. 2013년부터 직장을 다니기 시작하면서는 주로 토요일에 이용했다. 처음에는 내 옷과 가방, 주방용품, 생활용품을 주로 샀고, 가끔은 소형 가전을 사기도 했다. 품목은 아이들 옷이나 남편 옷까지 늘어났다.

처음에 남편에게 옷을 사주겠다고 의향을 물어보면 무조건 싫다며 화를 냈다. 아이들도 내키지 않아 했다. 하지만 시간이 지나자 제품 품질이 꽤 좋다는 것을 알고는 "엄마, 이번에 가실 때 운동화가 있으면 사주세요"라고 부탁하기까지 했다.

오랫동안 아름다운가게를 이용하면서 좋은 물건을 찾아내는 안목이 생겼다. 가장 먼저 쓰는 사람에게 어울릴지를 따지고, 또 옷이나 가방은 소재를 중요시하며 오래 쓸 수 있을지를 따진다. 점점 안목이 생기니 주위 사람들이 어디서 샀느냐고 참 잘 샀다는 이야기도 하고 내가 산 옷이나 물건을 탐내기도 했다.

몇 년 전 유행한 겨울옷 중 뽀글뽀글한 양털처럼 생긴 외투가 있다. 이 물건을 아름다운가게에서 사면서 재미있는 에피소드가 생긴 적이 있다. 그때는 파타고니아라는 브랜드가 국내에서 유행하기 전이었다. 2015년 가을쯤에 내 눈에 좋아 보여서, 구석진 곳에 있는 그 외투를 구입했다. 하지만 아이들은 그 외투를 입지 않고 옷장 속에 넣어두었는데, 2017년 겨울부터 뽀글이 외투가 유행하기 시작하자 꺼내 입기 시작했다. 그때 고등학교 1학년이었던 작은아들이 우연히 입고 학원에 갔다가 난리가 났다. 친구들이 놀라며 "와, 이 옷 짜가 아니야?", "어디서 구입했냐?", "이거 얼마짜리야?" 하며 라벨을 확인하는 등 큰 관심을 보였다고 한다. 작은아이가 웃으며 그 이야기를 해주면서 엄마의 안목을 인정한다고 내 마음을 북돋아주었다. 나는 나중에야 그 브랜드를 인터넷으로 확인하고서 파타고니아가 유명 브랜드라는 걸 알았다. 처음에는 그저 특이하고 고급스러운 기본 스타일이어서 마음에 들었는데, 가격이 5500원이라 머뭇거리다가 구입했다. 솔직히 그때는 싼 것 같지는 않아 보였다. 그렇게 구매했던 옷이 2년 가까이 옷장 속에 있다가 빛을 발한 것이다. 지금도 큰아들과 작은아들 모두 그 외투를 좋아한다. 오늘도 큰아이가 걸쳐 입고 외출했다.

아름다운가게 상품은 가성비가 좋아서 생활필수품을 사는 비용을 크게 줄일 수 있다. 물건을 사면서 절약도 되니 일석이조였다. 그리고 무분별한 소비는 환경오염으로 이어지는데, 중고 물품 사용은 물건의 효용을 끝까지 이용하는 것이니 소비를 해도 마음이 가볍다. 남들처럼 직접 환경 운동을 하지는 못하지만, 아름다운가게에서 중고 물품을 사고, 물건의 효용이 다할 때까지 쓰는 것이 내가 할 수 있는 작은 실천이라고 생각한다.

나는 물건은 필요한 것만 두고, 정말 해지고 닳아 더 쓰지 못할 때까지 자주 사용한다. 그게 그 물건에 대한 예의라고 생각한다. 또 자주 쓰지 않는 물건들은 그 물건을 사용할 다른 사람에게 보내줘 쓰임을 다하도록 해야 한다는 게 내 생각이다. 그래서 나는 1년 내 입지 않은 옷들은 아름다운가게에 기부하거나 헌 옷 수거함에 넣어 다른 주인을 찾아갈 수 있도록 한다.

남들은 누가 쓰던 물건을 사용하면 찜찜하다고 할 수 있겠지

아들아, 부동산 공부해야한다

만 내게는 그 물건의 쓰임새를 찾아주는 아름다운 과정이고, 동시에 우리 집 살림살이도 살리는 현명한 일이다. 내가 아름다운가게를 좋아하는 이유가 또 하나 있다. 아름다운가게에서 산 물건의 라벨에는 "당신의 구매로 소외 아동의 교육비를 지원합니다"라는 문구가 적혀 있다. 나는 이 문구를 볼 때마다 소비하면서 나눔도 실천할 수 있다는 사실에 기분이 좋다. 이 사회에 작으나마 기여하는 소비를 할 수 있다는 것도 아름다운가게를 찾는 이유 중 하나다.

이왕 필요한 물건이라면 그것의 사용 가치를 찾아주면서, 공동체 일원으로서 역할도 하고, 기부까지 하며 일석삼조로 소비하는 것이 좋지 않을까.

좋은 경제 습관을
물려주는 일

부모와 자식은 유전자 정보가 99.9% 일치한다. 거의 100% 일치한다고 보면 된다. 그렇다면 부모의 습관은 자식에게 몇 %나 유전될까? 어쩌면 이것도 100%에 가까울 것이다. 나는 두 아이에게 나의 좋은 습관을 물려줬을까. 부모로서 최선을 다했지만, 그 습관 중에는 좋은 것도 있고 아닌 것도 있을 것이다. 나는 습관은 생각의 유전자라고 생각한다. 그래서 좋은 습관을 유전자처럼 두 아들에게 남겨주고 싶다.

며칠 전 작은아이의 군부대에 면회를 다녀왔다. 아이를 보는 순간 너무 기뻐서 코끝이 시렸다. 작은아이를 마지막으로 본 지가

아들아, 부동산 공부해야한다

벌써 5개월이나 지나 있었는데 부대에서 본 아이는 집에서 보는 모습과 다르게 멋진 군인이었다. 아들은 군대에서 보내는 생활을 말하지 않았다. 그러나 힘들어하는 마음을 엄마로서 느낄 수 있었다. 나는 아들의 그 마음이 안쓰러웠다. 부대는 깊은 산속에 있었다. 나는 깊은 산속 생활의 적막함을 잘 알고 있다. 내가 살았던 고향이 그랬기 때문이다.

이런저런 이야기를 나누는데 아이가 같이 생활하는 동기나 후임병들에게 엄마를 닮아 짠돌이라고 소문이 났다고 말했다. 아들은 어릴 적부터 엄마는 항상 돈이 없다고 생각했다고 한다. 항상 돈이 없었다고.

"아니, 아빠 월급이 얼마인데 돈이 없어요?"

아들은 나에게 반문하며 따진 적이 많았다. 친구 아빠와 비교해서 월급이 적은 것도 아닌데, 대체 우리 집은 왜 늘 돈이 없느냐는 불만 때문이었다. 그때마다 나는 매달 필요한 지출과 그 지출의 이유를 설명하며 우리 집의 경제적인 목표와 현재 사정을 설명해주었다.

아이들을 키우면서 용돈을 풍족하게 준 적이 한 번도 없다. 사실 지금도 그 일이 미안하다. 아이들이 초등학생 때는 한 달에 2만 원의 용돈을 주었다. 그 대신 필요한 책이나 문구 등은 따로 돈을 주어 사게 하거나 대신 사주었다. 중학생 때는 5만 원을 주었고, 고등학생 때는 7만 원을 주었다. 초등학생 때와 마찬가지로 책값이며 필요한 돈은 따로 주었다. 학교가 집 근처에 있어서 걸어 다닐 수 있었기 때문에 교통비는 별도로 들지 않았다. 아이들이 크면서 친구들과 어울리거나 따로 쓸 곳이 많다는 점을 인정해서 더 달라고 하는 달에는 더 주었다. 남편도 가끔 아이들에게 나 몰래 용돈을 주곤 했다.

아이들은 "엄마, 나는 진짜 돈 적게 사용하는 거야. 다른 애들은 더 많이 써"라고 말하곤 했는데, 실제 아들 친구들이 받는 용돈 액수를 듣고서 내가 정말 적게 주고 있다는 걸 알게 되었다. 아들 친구들은 우리 아이들보다 한 달에 최소 5만 원은 더 많은 용돈을 받고 있었다. 물론 나도 정해진 용돈만 준 건 아니었고, 아이들이 시험 끝나고 친구들과 놀러 가거나 수학여행, 소풍 등 특별한 일이 생기면 따로 용돈을 챙겨주었다. 또 아이들이 친척이나 지인들에게 받는 용돈은 건들지 않았다. 그럼에도 아이들 용돈은 늘 또래보다 적었다.

부모로서는 미안한 일이었지만 덕분에 절약이 습관이 되었는지 두 아이는 군대에서도 얼마 안 되는 월급을 쪼개 꾸준히 적금을 부었다. 사실 군대라는 제약된 곳에서 하고 싶은 것, 먹고 싶은 것이 많을 텐데 절약하며 짠돌이라는 이야기를 듣는다는 것은 대단하다고 생각한다. 큰아이가 군대 생활을 할 때 한 달 월급이 30만 원 정도였다. 작은아이가 군대에 간 지금은 40만 원 정도로 올랐다고 한다. 그 돈을 쪼개 적금에 넣고 나머지는 용돈으로 사용하며 가끔은 주식 투자에 이용하고 있다고 한다. 안부 전화를 하면 "엄마, 어제까지 떨어졌던 주식이 오늘은 7만 원 올랐다"라며 신난 목소리로 자랑하곤 했다.

맛있는 음식을 좋아하는 작은아이가 군대에서 받는 월급을 적금에 넣고 있다니 기특하면서도 안쓰럽다. 작은아이는 휴가를 나왔을 때 자기가 군대 가기 전 모은 돈과 군대에서 적금에 넣은 돈이 벌써 200만 원이 넘었다고 이야기했다. 작은아이 얼굴에서는 뿌듯함이 묻어났다. 아들은 쌓이는 돈의 맛을 알아가고 있었다.

큰아이도 군대에서 받는 월급으로 적금을 부었다가 만기 해지했다. 모은 돈의 사용처는 잘 모르지만, 적은 돈이나마 쪼개 모으는 습관을 들였다는 사실이 참 기특하다.

큰아이는 요즘 아르바이트를 하더니 VANS 브랜드의 옷과 신발을 자주 택배로 사 모은다. 사실 제대하고 나니 입을 만한 옷이 없어진 것은 사실이지만, 조금 과하다는 생각에 이제 그만 사라고 잔소리를 하곤 했다. 그래도 큰아이는 옷이 없다는 걸 강조하며 열심히 산다. 내 말은 잘 듣지 않지만, 큰아이도 또래에 비해 상당히 절제하며 소비한다. 며칠 전에는 아르바이트하는 가게 옆 옷 가게에서 공짜로 옷걸이를 줬다며 집에 들고 왔다. 또 얼마 전에는 당근 마켓에서 VANS 재킷을 싸게 샀다며 자랑하며 들고 오기도 했다. 그런 모습을 보면 큰아이도 점점 부모를 닮아가는 것 같다.

부모는 자식의 거울이라고 하는데 시간이 흐를수록 그 말이 맞다는 사실을 깨닫는다. 자녀들은 점점 부모를 닮아간다. 우리 아이들은 다행히 절약하고 돈 모으는 습관이 우리와 닮았다. 하나 욕심이 있다면 아이들이 보는 엄마로서의 내 뒷모습이 아름답길 바랄 뿐이다.

명품, 보석보다
금이 좋은 이유

남편: 생일 선물로 뭐가 좋아?

나: 그냥 돈으로 주면 안 돼?

남편: 안 돼. 돈 말고 받고 싶은 걸 이야기해.

나: 그럼 금으로 줘.

나는 금을 너무도 좋아한다. 그동안 살면서 생긴 금을 지금도 대부분 가지고 있다. 선물 받을 일이 있을 때는 금으로 받는다. 남편은 내가 왜 금을 그렇게 좋아하는지 이해를 못 하지만 나는 시간이 지나도 값어치가 떨어지지 않고 팔 때도 제값을 받을 수 있다는 점에서 금만 한 것이 없다고 생각한다.

요즘 코로나19 때문에 답답해진 생활을 못 이겨 사람들이 보복 소비하고 있다는 뉴스를 자주 본다. 특히 명품 소비가 늘었다고 한다. 아마도 해외여행을 못 가는 대신 비싼 물건을 사는 듯하다. 나는 명품이 하나도 없다. 그 이유는 단순하다. 명품은 살 때는 비싸게 주고 사지만 되팔 때는 헐값에 처분해야 하기 때문이다. 물론 구하기 힘든 일부 한정판은 몇 배 웃돈을 받고 파는 일도 있다지만 그건 일부일 뿐이다. 게다가 밤새 가게 앞에 줄을 서서 한정판을 구하는 일은 나처럼 일하는 주부에겐 쉽지 않다. 그래서 나는 금을 좋아한다.

나는 대학생 때 처음으로 금으로 된 선물을 받았다. 1991년 대학교에 입학할 때 금목걸이, 금팔찌, 금반지 세 가지를 차례대로 받았다. 그중 금팔찌와 금반지는 지금도 가지고 있다.

두 번째 받은 금은 결혼 예물이었다. 내가 결혼할 당시에는 루비 세트, 사파이어 세트, 진주 세트, 다이아몬드 등 보석 세트로 예물을 하는 경우가 대부분이었다. 그때는 그게 당연한 것처럼 여겨져서 결혼한 선배들은 자기가 뭘 받았고 다른 사람은 무슨 세트를 받았다는 등의 자랑을 많이 했다. 결혼 예물에 민감할 수밖에 없던 때였다. 그때 10년 차 직장 선배가 결혼할 때 보석 세트가 아니라 순금을 예물로 하라고 내게 조언해주었다. 보석은 시간이 지나면 처음의 가치를 잃어버리지만 금은 되팔 때 제값을 인정받을 수 있

아들아, 부동산 공부해야한다

다는 이야기였다. 그때는 그저 지나가는 이야기처럼 들었는데 막상 결혼을 준비하면서 보니 우리 경제 상황이 다이아몬드나 보석 세트를 할 만한 상황이 못 됐다. 간소하게 해야 하는 상황이어서 시당숙이 운영하는 종로 금은방에 가서 금으로 결혼 예물을 맞췄고, 남편도 금반지 하나만 맞췄다. 기억에 따르면 당시 순금 한 돈이 5만 원 정도였다. 지금은 순금 한 돈에 30만 원이 넘는다. 물가가 그때에 비해서 2배가 뛰었다면, 금은 5배 이상 뛰었다. 금이 주는 이득이 무척 커진 셈이다.

결혼 이후에는 모든 귀금속 선물을 금으로 정했다. 내 생일이나 기념일 선물은 현금 아니면 금으로 받았다. 여기에 아이들이 아기였을 때만 해도 백일과 돌 기념으로 금반지를 선물하는 일이 많아서 금반지 선물이 꽤 들어왔다. 남편도 회사에서 장기근속 포상으로 금을 받아 내게 주었다. 그 금도 꼬박꼬박 모아두었다. 당시에는 금값이 저렴해서 큰돈이 아니었지만, 그렇게 하나둘 모은 금이 현재 시가로는 꽤 돈이 되었다.

금은 그 가치가 빛바래지 않고 인정받을 수 있어 좋다. 가난했던 신혼 시절에는 그게 마지막 보루처럼 느껴지기도 했다. 결혼하고 남편 회사가 부도났고, IMF가 찾아왔다. 2500만 원짜리 지하 전세방에서 느끼는 우울감은 말로 다 할 수 없었다. 그때 IMF 외환위기로 인해 금 모으기 운동이 시작됐다. TV에서는 국민들이 금을 모으는 장면이 연일 방영되었다. 서랍 속 금반지, 금팔찌를 꺼내 모은 국민들이 긴 줄을 이루고 있었다. 감격스러운 장면이었지만, 나는 그 모습을 보고 다른 의미에서 충격을 받았다. 당시 800원 하던 환율이 한두 달 만에 2000원으로 널뛰면서 원화의 가치는 바닥으로 추락했다. 주식이 휴지 조각이 되는 일들이 매일같이 일어났고, 심지어 부동산 가격도 떨어졌다. 그런 때 금은 가치가 추락하지 않고 오히려 빛났다.

그래서였는지 나는 어려울 때 가치를 발하는 것은 바로 금이라고 믿기 시작했다. 지금 보면 내 생각이 독특했구나 싶기도 하다. 그래도 나는 금을 끝까지 지켜야 하는 보물로 생각했고, 집에 돈 한 푼 없이 곤궁할 때도 서랍에 든 금을 보면 마음이 든든했다. 다이아몬드, 진주, 사파이어는 몸에 지녀야 빛이 나지만, 금은 그 자체로도 빛이 난다. 보석 중 유일하게 그 자체로 빛나는 게 금이다. 그래서 나는 금이 좋다.

너는 소비자 말고
고객이 되어라

"부자는 고객님으로 소비하고, 빈자는 소비자로 소비한다."

회사에서 모셨던 대선배가 퇴직 후에 나에게 해준 말이다. 그 선배는 백화점과 할인점을 포함한 유통업에 35년간 종사했다. 아들아, 너도 기억할 것이다. 네가 어릴 때 토요일에 출근하는 아버지를 따라왔다가 너도 만났던 그분이다. 오늘 그분이 내게 해준 이야기를 들려주려고 한다. 그분은 상품을 사거나, 아파트 등 자산을 살 때 자신의 위치를 정확히 정하고서 매수해야 한다고 했다. 그분의 생각을 아버지의 방식으로 정리했다.

유통업계에서 일하는 마케터들은 보통 손님을 패밀리, 프라임, 골드, VIP, MVGMost value Guest, BCBlack Consumer, CPCherry Picker 등으로 자세히 나누어 관리한다. 즉, 등급에 맞추어 관리한다. 나는 이런 구분은 너무 종류가 많다고 생각한다. 그래서 마켓에서 25년 일한 경험을 토대로 손님을 두 부류로 구별해보았다. 숙련된 장사꾼에게 손님은 두 부류의 구분만으로 충분하다.

하나는 자者고, 다른 하나는 객客이다.

자는 소비자를 말한다. 영어로는 컨슈머Consumer다. 소비자는 한문으로 사라질 소消, 쓸 비費, 사람 자者를 쓴다. 풀어보면 이렇다. '사라지게 쓰는 자'라는 말이다.

객은 고객을 말한다. 영어로는 커스터머Customer 또는 게스트Guest다. 고객은 한문으로 뒤돌아볼 고顧, 손님 객客을 쓴다. 풀어보면 '뒤돌아보아야 할 손님'이라는 말이다.

그렇다면 자와 객을 구별하는 기준이 무엇일까? 적게 사면 자가 되고, 많이 사면 객이 되는 것일까? 일반적으로는 그렇다. 유통업체는 손님의 구매 수량을 기준으로 등급을 구별한다. 그러나 아버지는 이런 손님 등급 구별법은 하수의 방법이라 생각한다.

손님은 구매 패턴으로 구분해야 한다는 게 내 생각이다. 구매 패턴으로 손님을 구분하면 자와 객 두 가지만으로도 구별할 수 있다. 소비자는 사라지게 쓰는 자며, 반복 구매를 할 수 없는 사람이다. 반면에 고객은 반복 구매가 일어나는 손님이므로 뒤돌아보아야 할 사람이다. 유통업체는 오늘 하루만 장사하는 것이 아니라 10년, 100년을 보고 장사해야 한다. 그러려면 반복 구매가 중요하다. 장사꾼 입장에서는 반복 구매가 가능한 손님을 대접하는 게 당연하다. 한 번의 구매로 그치기보다는 값의 높낮이를 떠나 반복 구매를 해주는 손님이 반가운 손님이다.

아들아, 너에게 물어보고 싶다. 현재 너의 소비는 자의 소비인지, 객의 소비인지 말이다. 만약에 네가 자의 소비 패턴을 가지고 있다면, 너는 돈을 쓰면서도 대접받지 못하는 바보다. 네가 감당할 수 없는 사치품 소비는 한 번 혹은 두어 번에 끝나고 만다. 쓰면 쓸수록 살림살이가 궁핍하게 되고, 장사꾼에게 대접도 받지 못하니 어리석은 소비다. 그런 점에서 아버지는 백화점 오픈 런이나 명품 매장의 긴 대기 줄을 이해하지 못하겠다. 반대로 네가 객의 소비 패턴을 가지고 있다면 쓴 만큼 대접받는 현명한 소비를 하는 것이다. 반복해 할 수 있는 소비의 핵심은 네가 감당할 수 있는, 그러니까 네가 필요한 물건을 현명하게 소비하는 것이다.

장사꾼의 입장에서 과소비하는 사람은 눈에 바로 보인다. 네가 부자인 척, 똑똑한 척하는 친구들의 '척'을 쉽게 구별하는 것과 마찬가지다. 장사꾼에게 있는 척하는 손님은 결코 존중받지 못한다. 그런 손님은 결코 고객이 되지 못한다. 그저 소비하는 자일 뿐이다.

너는 자가 되고 싶으냐? 아니면 객이 되고 싶으냐? 나는 네가 소비자가 아니라 고객이 되기를 바란다. 물론 그 선택은 너에게 달려 있다. 네가 허영을 내려놓고 현명한 소비를 선택하는 그때에 비로소 너는 물건을 사면서 '고객'이 된다. 자본주의 세상에서는 소비로 그 사람의 품격이 나타난다. 비싸고 고귀한 물건을 사라는 것이 아니다. 네가 감당할 수 있는 소비가 바로 너의 품격이 된다. 네가 진정으로 원하고, 그 물건의 쓰임새를 100% 활용할 수 있고, 그 소비를 너의 소득이 감당할 수 있을 때에 소비하는 거다.

장사꾼의 입장에서는 단골에게 최선을 다하게 되고, 손님의 입장에서도 단골이 되어야 제대로 대접받으면서 물건을 살 수 있다. 아들아, 너는 네가 감당할 수 있는 소비, 존중받는 소비를 하길 바란다. 부자인 척하는 허영으로 물건을 사는 바보 같은 짓은 하지 않길 바란다.

아들아, 부동산 공부해야한다

부부는
경제적 궁합이 중요하다

이혼한 부부들에게 그 사유를 물어보면 성격 차이를 들 때가 많다. 하지만 실제로는 경제적 궁합이 맞지 않는 것을 성격 차이로 가장한 경우가 대부분이다. 아들아, 부부는 마음이 맞는 것도 중요하지만, 그에 못지않게 경제적 궁합도 중요하다. 이것은 너희 엄마와 25년간 결혼 생활하며 얻은 경험이다. 살아 있는 지식이라는 말이다. 명심해라. 부부가 경제적으로 부를 이루기 위해서는 경제적인 궁합이 맞아야 한다. 경제적으로 지향하는 바가 맞아야 하고, 경제적인 습관이 맞아야 하고, 경제적인 가치관이 맞아야 한다. 그렇지 않다면 둘의 차이가 서로를 보완해 줄 수 있어야 한다.

배우자가 남의 돈을 쉽게 생각하며 함부로 대출받아 투자하고 일이 잘못되어도 책임지지 않고 회피한다면 그 부부가 부자가 될 수 있을까? 아마 상대는 배우자가 벌인 일을 수습하느라 허리가 휠 것이고, 부부의 경제적 상황은 악화되기 십상이다. 또 한 사람은 자녀를 위해 빨리 종잣돈을 모으고 집을 사서 안정을 찾고자 하는데, 다른 한 사람은 돈을 버는 족족 취미 생활과 여흥에 모두 쓰고자 한다면 그 가정이 평화로울 수 있을까? 아마도 매일 싸우느라 집이 들썩거릴 것이고, 어쩌면 오랜 시간이 지나도 그 부부는 내 집 없는 생활을 해야 할 것이다.

그래서 경제적인 부를 이루려면 부부의 경제적 궁합이 중요하다고 하는 것이다. 투자는 경제적 궁합이 맞아야 성공할 수 있다. 그런 점에서 아버지와 엄마는 경제 궁합이 맞았다. 무엇보다 엄마는 현실 감각이 부족했던 아버지의 단점을 잘 보완해주었다. 그런 의미에서 너희가 결혼 전에 경제적 감각을 꼭 기르고 배우자도 경제적 감각이 있는 사람을 만나길 바란다.

축산업을 하는 후배가 있다. 후배는 다니던 직장을 그만두고 올해 4월부터 사업을 시작했다. 후배는 사업과 재테크에 관한 조언을 듣고 싶다며 나를 찾아왔다. 자기 주변에는 사업과 재테크에 관해 변변한 조언을 구할 경제 멘토가 없다고 했다. 물론 내가 무슨 특별한 도움을 줄 수 있을 거라고 나 스스로를 과대평가해서 후배에게 오라고 한 것은 아니다. 다만 서로 대화를 나누다 보면 후배가 스스로 해답을 찾을 수 있을 거라고 보고 찾아오라고 했던 거다. 그 후배와 얘기를 나누고서 내가 해준 조언은 다음과 같다.

"너에게 지금은 사업의 시간이야. 너의 모든 역량을 사업에만 집중하는 것이 좋겠다."

그 후배는 초신선육 유통에 관한 사업을 시작했다. 후배는 자리에 앉자마자 서류가방에서 사업계획서를 꺼내 보여주었다. 후배는 '초신선 도축 방식'과 자신의 사업 아이템을 열심히 설명해주었다. 사업 분야는 신선 도축 관련 기술로서, 특허를 획득한 전문적인 영역이었다. 나는 사업 아이템에 관한 후배의 설명을 반쯤 알아들을 수 있었다. 다만 신선 도축 기술을 활용해서 어떻게 사업으로 연결하려는지는 바로 알 수 있었다.

내용을 요약하면 이렇다. 브랜드 돼지고기 업체들은 다른 제품과 차별화하기 위해 새로운 아이디어를 찾느라 골치를 썩고 있다고 한다. 브랜드 돼지고기 업체들은 자기네 제품에 차별화된 기술을 활용하고 명확하게 부각하고 싶어 한다. 후배는 자신만의 초신선 도축 기술과 유통 방식을 가지고 고객 니즈를 충족시키는 사업을 하겠다는 계획이었다.

후배는 대학에서 축산학을 전공하고 축산물 수입 회사에 다니다가 독립했다. 초신선육 사업은 4월부터 시작해서 겨우 5개월쯤 지난 상황이었다. 후배의 사업은 아직 자리를 잡지 못하고 있었다. 우리는 이 사업을 어떻게 확대할 것인가를 한참 얘기했다.

그런데 후배는 사업 이야기를 하다가 갑자기 재테크로 화제를 바꿨다. 내일 좋은 매물이 있어서 임장을 간다고 했다. 후배는 너무 좋은 부동산 물건이라 직접 가서 보고 결정하려고 한다고 했다. 나는 사업이 안정되지 않은 상황에서 왜 재테크에 전전긍긍하는지 물었다. 후배는 아내 때문에 재테크에 신경 쓰고 있다고 말을 꺼냈다. 아내가 지출 관리를 못하고 씀씀이가 너무 헤프다는 거다. 매일 집 앞에 택배 물건이 쌓여 있고 불필요한 소비가 많으니 어찌하면 좋을지 답답하다고 했다. 그래서 자기가 재테크에 신경 쓰지 않을 수 없다고 하소연했다.

후배가 털어놓은 핵심 내용은 이렇다. 사업과 재테크를 동시에 하는 현실이 버겁다는 것이다. 그렇다고 아내에게 재테크를 맡기기는 불안하니 상황이 무척 난감하다고 했다. 나는 후배의 말을 들으면서 사업과 재테크가 동시에 가능한지 생각해보았다.

내가 내린 결론은 불가능하다는 거다. 물론 직장 일과 재테크를 병행하는 경우도 종종 있다. 사업과 재테크를 병행하는 경우도 종종 있다. 경험이 쌓인 후에 둘을 병행하는 것은 전혀 불가능하지 않다. 그러나 사업 초기나 직장 초년생 때는 아니다. 대체로 직장 일과 재테크는 충분히 숙련된 후에 병행할 수 있다. 마찬가지로 사업과 재테크도 사업이 안정되었을 때만 가능한 것이다. 사업 시작한 지 5개월밖에 되지 않았는데 다른 일에 시간과 열정을 쏟는 건 불가능하다.

아들아, 부동산 공부해야한다

그래서 후배에게 '지금은 사업의 시간'이라고 못 박았던 거다. 모든 사업은 초기에 죽음의 계곡을 건너야 한다. 죽음의 계곡은 죽느냐 사느냐의 갈림길에 있는 거다. 사업 초기에는 매일매일 온 힘을 다해서 그 벼랑 끝에 있는 계곡의 다리 난간을 붙잡고 있어야 한다. 이것이 사업의 현실이다. 그런데 그 시기에 한눈을 판다는 건 너무 위험하다. 자칫 헛발을 디뎌 벼랑 아래 죽음의 나락으로 떨어질 수도 있다. 물론 후배도 그 사실을 누구보다도 잘 알고 있었다. 그런데도 후배가 안달하는 이유는 두 가지였다.

　　하나는 지금 내 집을 마련해야 한다는 조급증이었고, 다른 하나는 아내의 무분별한 씀씀이 때문에 지출이 너무 커질 것 같다는 불안감이었다. 그래서인지 후배는 매일 아내에게 잔소리를 하는 모양이었다. 부동산에 관심을 가지라고 간곡하게 충고하고 있다고 한다. 그런데 아내는 그냥 흘려듣고 있다고 했다. 그래서 더 다급하고 불안하다고 했다.

　　나는 후배에게 내 아내와의 신혼 때 일화를 말해주었다. 아내와 내가 서로를 바꾸려고 했던 그 시절의 말싸움을 얘기해주었다. 그리고 우리처럼 어설프게 서로를 자기 뜻대로 바꾸려고 하지 말라고 했다. 그러다가는 오히려 다툼만 생기기 때문이다. 그보다는 차라리 아내의 장점을 찾고, 그 장점을 살려 재테크를 하는 게 좋겠다고 조언했다.

보통 재테크는 소득 영역, 지출 영역, 저축 영역, 투자 영역에서 이루어진다. 아무리 재테크에 최적화된 사람이라도 네 가지 영역을 모두 잘할 수는 없다. 어떤 사람은 소득 영역에 재주가 있다. 예를 들면 직장에 다니면서 인정을 받고 임원까지 승진하는 사람이다. 이런 사람은 근로소득에 최적화된 사람이다. 그렇다고 그 사람이 지출 관리를 잘하느냐, 꼭 그렇지만은 않다.

반면에 지출 영역에 최적화된 사람이 따로 있다. 바로 내 아내 같은 사람이다. 아내는 내가 신혼 때 사준 옷을 지금도 입을 정도로 근검절약이 몸에 배어 있다. 지금도 우리 집 앞에는 단 하나의 택배 박스도 놓여 있지 않다. 아내는 지출 관리에선 가장 최적화된 장점을 가지고 있다.

지출 관리 능력이 있는 사람은 저축 영역에서도 뛰어나다. 아내는 목표한 종잣돈은 목표한 기간 내 반드시 모으곤 했다. 1997년부터 2007년까지 10년 동안 2억 3000만 원의 종잣돈을 만들어 그 종잣돈에 대출을 끼고 우리 집을 마련했다. 이런 면을 보면 아내는 투자에도 일가견이 있었다. 아내는 뛰어난 지출, 저축, 투자 능력으로 현재의 우리 집 자산을 모았다.

다만 아내가 전공한 유아교육은 예나 지금이나 월급이 많은 직종이 아니기 때문에 큰 소득을 얻지는 못한다. 우리 집은 내가 소득의 영역을, 아내가 지출과 저축과 투자의 영역을 전담했다. 부부가 서로 경제적으로 부족한 측면을 채워준 것이다.

아들아, 부동산 공부해야한다

결론적으로 나는 후배에게 그의 아내가 잘하는 영역을 찾아 그 부분을 분담하는 게 좋겠다고 조언했다. 후배의 아내는 저축은 거들떠보지도 않지만 투자에는 관심을 두고 있어 주식 투자를 하고 있다고 한다. 나는 그의 아내가 주식 투자에 관심이 많다면, 원금 손실이 거의 없는 ETF 펀드나 달러, 금에 투자하도록 제안해보라고 했다. 정기적으로 일정 금액을 안전한 상품에 투자하고, 후배는 사업에 전력투구하는 게 좋겠다는 이야기였다. 그래서 어느 정도 사업이 안정되면 그다음에 사업을 기반으로 재테크를 하라고 했다.

결혼은 궁합이 중요하다고 한다. 맞는 말이다. 그리고 그 궁합에는 경제적 궁합도 포함된다. 어쩌면 가장 잘 맞아야 하는 게 경제 궁합이라고 볼 수 있다. 부부의 경제 궁합이 잘 맞아야 경제적으로 자립할 수 있고 경제 기반이 튼튼해야 일상이 행복할 수 있다.

3장

하루라도 빨리

내 집 마련을 해라

7년 만에 가진
내 집

내가 부동산, 특히 아파트로 재테크를 시작한 이유는 내가 살아온 환경의 영향 때문이다. 나는 스무세 살 때 처음으로 아파트에 살아봤다. 대학교를 졸업하고 직장을 다니자 친정아버지가 전세 아파트를 얻어주셨다. 그전에는 하숙집과 다가구주택에서 지냈다. 다가구주택 원룸은 방 1칸에 부엌과 샤워실이 붙어 있는 곳이었고, 화장실은 공동으로 사용해야 했다. 한참 지나 부모님이 전세 아파트를 구해주신 이유를 듣게 되었는데 참 감사하고도 마음이 짠했다. 부모님은 딸이 화장실을 공동으로 사용하는 열악한 주택에 사는 게 마음 아파서 환경이나 치안이 좋은 아파트를 알아보신 것이었다.

사실 시골에 사는 부모님은 아파트 생활을 잘 모르고 아파트에 대한 로망도 없었지만 도시의 상위 주거지가 아파트라는 것을 알고 계셨던 거 같다. 마침 창원에 살고 계셨던 친척분이 아파트에 살아야 한다고 설득해주셨고, 그 덕분에 나는 여동생과 함께 창원의 한 아파트에 살 수 있게 되었다. 건축된 지 30년 가까이 된 창원 반송 아파트였는데 지금은 재건축되었다고 알고 있다. 1000세대 이상으로 지방 도시에선 큰 단지였다. 아파트에는 방 2개와 거실, 화장실, 베란다가 있었다. 우리 집은 5층 복도 맨 마지막 집이었는데, 겨울에는 바람소리가 심하게 들리고 추워서 견디기 힘든 반면 여름에는 복사열을 그대로 받아서 너무 더웠다. 오래된 아파트이다 보니 집 안은 말 그대로 많이 낡아 있었다. 베란다는 칠이 거의 벗겨졌고, 창문은 아귀가 맞지 않아 잘 닫히지 않았다. 겨울에는 베란다에 둔 탈수기가 얼어서 탈수기도 쓸 수가 없었다. 그 아파트에서 2년을 살다가 남편을 만나 결혼하면서 바로 서울로 올라왔다. 젊은 시절의 아파트 생활은 그 2년이 전부였고 당연히 아파트에 대한 첫인상은 그리 좋지 않았다.

결혼하고 25년 동안 총 13번의 이사를 다녔다. 결혼 생활을 처음 시작한 곳은 2500만 원짜리 다가구주택 반지하였다. 남편을 만나 1년 6개월간 연애하다가 갑작스럽게 결혼하는 바람에 여러모로 결혼 준비가 부족했다. 그래서 신혼 때는 경제적으로 어려웠다. 결혼하면서 공교롭게도 IMF 외환위기로 남편의 회사가 부도났다. 경

아들아, 부동산 공부해야한다

제적 고난이 한꺼번에 몰아쳤다. 돈이 없어 혼수와 예물을 생략하고 간소하게 준비했고, 가재도구마저 거의 없이 시작했다. 가구나 생활용품은 자취생 수준으로 간소했다. 정말이지 너무 없이 시작한 막막한 신혼 생활이었다. 그때는 반지하 생활이 너무나 힘들고 궁색해서 지인들을 집으로 초대하는 것도 부끄러웠다. 먼저 결혼한 지인의 집들이를 할 때면 머릿속에 수많은 생각이 스쳤다. 친구나 선배, 후배들의 신혼집은 아파트 아니면 번듯한 빌라였다. 특히 첫애가 태어나고 동네 놀이터에서 친해진 또래 엄마들의 집에 놀러 갔을 때는 정말이지 부럽다 못해 속이 쓰릴 지경이었다. 그 엄마들의 집은 살림을 제대로 갖추고 있었다. 잡지에 나오는 집처럼 잘 꾸민 집에 햇살이 잘 들어 집이 환해 보였다. 반면 우리 아이는 반지하 생활 때문에 생긴 알레르기성 비염과 아토피로 고생하고 있었다. 습한 환경과 곰팡이가 호흡기와 피부 건강에 그렇게 나쁘다는데, 못난 부모 때문에 아이가 그렇게 된 것 같아 볼 때마다 가슴이 아팠다.

어서 반지하에서 벗어나야 한다는 조급함에 2년 계약이 끝나자마자 1층 집을 알아보았다. 보증금 2500만 원에 새로 얻은 집은 더 좁고 버스정류장도 더 멀어 교통이 불편했지만 지하에서 벗어난 것만으로도 좋았다. 그때는 아직 어리고 철이 없어서였는지 매매나 투자에는 관심이 없었다. 인근에 재건축 대상 아파트가 있었는데 관심을 두지 않았고, 웬만한 빌라만 돼도 행복하겠다는 생각에 빌라 전세만 주야장천 알아봤다. 종잣돈도 없었고 신축 아파트 정도가 살 만한 아파트지 않나 하는 철없는 생각에 오래된 아파트는 알아볼 생각도 하지 않았다. 그래서 그 후로도 4번 더 빌라와 다가구 주택 전세를 전전했다.

　주택과 빌라에는 유난히 벌레가 많았다. 바퀴벌레나 돈벌레 정도는 매일 보는 수준이었다. 특히 습기가 많은 곳에 서식하는 돈벌레는 반지하에 살던 때에 지겹도록 보았다. 벌레는 한번 생기면 기하급수적으로 불어나 아무리 약을 써도 줄지 않았다. 여름이면 말도 못 할 정도였다. 밤에 누워 있으면 어디선가 '타타닥' 소리가 들렸고, 그 소리를 듣고 일어나 벌레를 잡은 게 한두 번이 아니었다. 또 벽지나 가구 뒷면에 곰팡이가 슬어 아무리 닦아도 사라지지 않았다. 여름 장마철이면 방에서 곰팡이 냄새가 날 지경이었다.

　수차례 다가구주택과 빌라를 경험하면서 아파트에 살아야겠다는 결심이 섰고, 2002년 처음으로 24평 복도식 주공아파트 전세를 살게 됐다. 1996년 지어진 인창주공아파트였다. 결혼한 지 5년 만의 일이었다. 지금 돌이켜보니 아파트를 샀을 때보다 2002년 24평 아파트 전세를 살게 되었을 때가 더 행복하고 좋았다. 아파트로 이사한다고 했을 때 시어머니와 시아주버니가 대단하다고 칭찬해주신 기억이 생생하다. 신혼집이었던 반지하 전셋집에 오셨을 때는 미안해하셨던 분들이 아파트 이사 소식에 너무 잘됐다고, 새아기가 참 대단하다고 칭찬을 아끼지 않았다. 친정 식구와 고향 친구들도 너는 잘할 줄 알았다고 격려해주었다. 주변의 칭찬과 격려가 큰 힘이 되었다. 조금 더 부동산 공부를 해서 내 집 마련을 해야겠다는 의욕이 솟았다.

아파트 전세금 7500만 원은 직전에 살던 빌라 전세금 3500만 원과 2년 동안 모은 1000만 원의 예금, 여기에 전세 자금 대출 3000만 원을 합해 마련할 수 있었다.

전세 아파트로 이사한 지 2년 후 아파트 매수 기회가 찾아왔다. 그 주공아파트에서 전세로 산 지 2년째 되던 해에 집주인이 아파트를 팔려고 하는데 우리가 매수하는 게 어떠냐고 권유했다. 나도 전세로 계속 사는 것보다 매수하는 게 낫다는 생각이 들었는데 집주인과 가격 조율이 잘 이뤄지지 않았다. 집주인은 남향인 옆 동과 동일한 시세로 받고자 했는데, 같은 금액이면 선호도가 높은 옆 동을 사는 게 훨씬 이득이라는 생각이 들었다. 이왕 아파트를 매수하려고 마음먹은 김에 주변 매물을 알아보았다. 마침 옆 동인 4단지에 1억 4500만 원에 나온 24평 매물이 있어서 그 집을 계약했다. 우리 가족의 첫 자가였다. 7500만 원은 아파트 전세금으로 충당했고, 집을 산다고 하니 친정 부모님이 감사하게도 2000만 원을 도와주셨다. 여기에 대출금과 저축해놓았던 돈을 더해 매매 자금을 마련했다.

아파트를 매매하고 첫 등기증을 받으니 '이 아파트가 내 집이구나'라는 감동이 밀려왔다. 이것이 등기 치는 행복이구나 했다. 그때 정말 행복했다. 아파트 놀이터에서 또래 엄마들과 만나면 "이번에 집 사서 이사했어"라고 이야기하며 으쓱했다. 아들 친구 엄마들과 수다 떨 때에도 은근슬쩍 집을 샀다고 자랑했다. 2004년 봄, 따스한 햇볕이 내리쬐는 남향 거실에서 느꼈던 행복이 생생하다. 그때는 그 아파트가 세상의 전부였다. 1997년 2500만 원 반지하 전세에서 시작해 7년 만에 가진 내 집이었다.

아들아, 부동산 공부해야한다

1주택자에서
다주택자가 되기까지

2004년 첫 아파트를 매수하고, 그 이듬해인 2005년에 두 아들을 데리고 캐나다에 갔다. 애들 고모가 캐나다에 있어서 거기서 아이들을 교육하고 싶었다. 큰애가 8살, 작은애가 5살 때였다. 2년 동안 캐나다에 머물다 2007년 6월 귀국하니 2년 사이 아파트 가격이 폭등해 있었다. 2004년도에 1억 4500만 원에 샀던 구리시 인창주공4단지아파트 가격도 2억 5000만 원으로 올라 있었다.

나는 2008년 인창주공4단지아파트를 시세에 팔고 대출 1억 3000만 원을 더해 같은 동네에 있던 삼환신일아파트 38평을 샀다. 경의중앙선 구리역에서 불과 250미터 떨어져 도보 4분 거리에 있는 아파트였다. 구리 롯데백화점과 지척 거리에 있으며 주변에 공공 도서관과 소방서 등이 있어 입지, 편의 시설, 상권이 훌륭했다.

마침 평수를 넓혀 가야겠다는 생각이 있었고, 그 지역에 지하철역 개통이라는 호재가 있었기 때문에 조금도 망설이지 않고 아파트를 갈아탔다. 그렇게 산 38평 아파트에서는 오래 살지 못했다. 이사한 지 얼마 되지 않아 남편이 대구로 발령이 나는 바람에 우리도 남편을 따라 대구로 내려갔다. 구리시 아파트는 전세를 주고, 대구의 사원 아파트로 이사를 갔다.

그런데 남편은 채 1년도 되지 않아 다시 서울 본사로 발령받았다. 그래서 대구에서도 겨우 9개월 살고 올라왔다. 구리시 아파트는 전세 기간이 남아서 서울로 입성하는 것이 낫겠다고 생각해서 남편의 직장과 가까운 명일동 신동아아파트에 전세를 구했다. 30평 아파트 전세금은 3억 원이었다. 구리시 아파트 전세금을 받은 돈으로 우리 가족은 다시 전세를 살게 됐다.

이렇게 신혼 시절 살던 강동구 명일동으로 몇 년 만에 다시 돌아오게 되었다. 명일동을 택한 이유는 남편 직장과의 거리도 가까웠지만 무엇보다 걸어서 다닐 수 있는 거리에 초·중·고등학교가 많았기 때문이다. 아이들이 편안하게 도보로 학교에 다닐 수 있다는 점이 무엇보다 마음에 들었다.

어린 시절 나는 시골에서 학교를 다녔다. 하루에 버스가 몇 대 다니지 않아서 새벽에 일어나 첫차를 타고 등교하고, 저녁에 막차를 타고 집으로 돌아왔다. 매일 버스 시간에 맞춰야 하는 것도 번거롭고, 어쩌다 버스 시간을 놓치면 난감하기 이를 데 없어 학교 다니는 것이 힘들었다. 그 경험 때문에 아이들 학교 통학만큼은 편하게 해주고 싶었다.

그렇게 명일동으로 돌아와서 6년간의 전세 생활을 시작했다. 명일동에서만 신동아아파트, 삼환아파트, 삼익그린2차아파트를 거치며 살았다. 6년 동안 전세를 살며 2년마다 한 아파트를 겪은 셈이었다. 사실 한 아파트에서 오래 살고 싶었지만 집이 팔려 주인이 입주하거나, 주인집 아들이 입주하는 등 전세 기간이 끝날 무렵에는 꼭 이사해야 할 사정이 생기곤 했다. 또 이미 구리시에 아파트를 보유하고 있으니 집을 1채 더 사야 한다는 생각도 못 했다. 불행인지 다행인지 2008년부터 2013년까지는 집값이 보합세여서 전세로 산게 그리 손해는 아니었다. 이사비가 적잖게 들었지만, 돌이켜보면 명일동 아파트에 관해 누구보다 잘 알게 된 시간이기도 했다.

2015년부터 아파트 전셋값이 심상치 않게 오르기 시작했다. 2016년부터는 나도 집을 1채 더 마련해야겠다고 생각하고 명일동 인근 아파트를 임장하면서 매수 기회를 보았다. 무슨 조화인지 번번이 매수 타이밍을 놓쳐 좀체 기회가 오지 않았다. 그러다 2017년 5월 초, 당시 살고 있던 명일동 아파트 전세 계약을 연장할지 말지 결정해야 하는 순간이 왔다. 나는 전세 계약 연장을 포기하고 그동안 모은 종잣돈으로 두 번째 집을 마련하기로 마음먹었다.

우리 수중에는 아파트 전세금 4억 4000만 원과 그동안 저축한 돈이 조금 남아 있었다. 구리시 아파트 전세금도 그사이 조금 올라서 전세금 상승분도 받아둔 터였다. 매수 기회는 참 우연치 않게 찾아왔다.

나를 2주택자로 만든
운명 같은 우연

나이 들수록 해보지 않았던 것에 대해 후회한다고들 한다. 그러니 뭐든지 마음먹은 것을 실행해야 한다고들 말한다. 남편도 그랬다. 남편은 "임자, 해봤어?"라는 정주영 회장의 말을 자주 인용한다. 그러면서 정작 본인은 나에게 이런저런 이론만 잔뜩 늘어놓는다. 남편은 단 한 번도 자기 손으로 아파트 계약을 해본 적이 없다.

그러면서 내가 아파트를 매매하려고 하면 남편은 왜 또 빚을 내냐며 말리곤 했다. 그러나 부동산은 그렇게 망설이고 재기만 해서는 절대 살 수가 없다. 큰 금액이 드는 일이니 신중해야 하지만, 꼭 사야 하는 집이고 자금 마련에 문제가 없다면 저질러야 내 집이 된다. 집값이 떨어지지는 않을까, 조금 더 좋은 집이 있지 않을까,

내가 잘하고 있는 걸까, 이미 올랐는데 사는 건 바보 같은 짓 아닐까 등의 고민도 좋지만, 고민만 하다가는 평생 집 1채 마련하기가 힘들다. 충분히 고민했다면, 때로는 저지르는 용기도 필요하다.

2017년은 우리 가족에게 변곡점이 된 해다. 2017년 5월, 나는 재건축 아파트 2채를 계약했다. 운명 같은 우연이었다. 그해 5월 초, 고등학생이던 둘째 아들의 여름 교복을 세탁소에서 찾아서 내려오는 길에 부동산 중개업소를 지나가게 되었다. 이전에 전세 계약을 중개해준 곳이었다. 그날따라 뭔가에 이끌린 듯 나도 모르게 그곳 문을 열고 들어갔다.

"사장님, 안녕하세요?"

나는 문을 열자마자 전세가가 올라서 집을 1채 더 사고 싶은데 매물이 있느냐고 물었다.

"사모님, 바로 옆 고덕주공9단지(명일주공9단지) 물건이 있는데 지금 한번 보시겠어요?"

사장님은 인사를 나누자마자 물건을 보자고 제안했다. 갑작스러운 전개에 당황스러웠지만, 집 1채 정도는 더 사야겠다는 마음이 있었기에 사장님 제안에 못 이기는 척하고 바로 따라나섰다. 고덕주공9단지는 부동산 중개업소에서 그리 멀지 않은 곳에 있었다. 지하철 5호선 굽은다리역, 명일역, 고덕역이 모두 도보로 15분 거리에 있었고, 단지 바로 뒤로 길동공원이, 옆으로는 명일근린공원이

둘러싸고 있어 공원 산책 때마다 지나던 아파트였다. 도보로 5분 거리에 대명초등학교, 명일여자고등학교, 명원초등학교가 있고 10분 거리에 한영외국어고등학교, 한영고등학교, 강동고등학교, 배재중·고등학교 등이 있어 학부모들이 선호하는 1320세대의 대단지 아파트였다. 흠이라면 1984년 준공해 연식이 30년이 넘었고 지하주차장이 없어서 주차 공간이 협소한 편이었다. 게다가 집주인이 관리하기에 따라 집집마다 상태가 천차만별이라 몇 년 전 전세를 알아보러 방문했을 때 지저분하고 여러모로 수리가 필요한 집들도 몇 군데 본 적 있었다.

그래서인지 그 집 내부를 보는 순간 본능적으로 '이건 꼭 사야겠다!'라는 느낌이 왔다. 그날 본 집은 베란다 알루미늄 새시를 새로 하고 주방과 욕실, 방문이 깔끔하게 리모델링되어 있었다. 최고급 자재를 사용한 것은 아니어도 집주인이 애정을 들여 관리하는 집이라는 티가 났다. 집주인은 실제로 집을 살뜰히 잘 관리해온 분이었다. 자신들이 주방과 화장실을 교체해서 불편한 점은 없을 거라며 살아온 집에 깊은 애정을 드러냈고, 심지어 계약할 때는 도배와 장판은 하고 들어오라며 100만 원을 깎아주기까지 했다.

나는 집 단장에 관심이 없는 스타일이기 때문에 리모델링이나 인테리어가 이미 되어 있는 집을 선호하는데, 그 집은 따로 수리하거나 꾸밀 필요가 없다는 점이 마음에 들었다. 도배와 장판만 바꾸면 되겠다는 생각에 마음이 크게 기울었다.

그날 아파트를 본 시간은 해 질 무렵이었다. 날이 밝을 때의 상태도 살펴보고 싶어 다음 날 한 번 더 보고 최종 결정하기로 했다. 다음 날 점심시간에 짬을 내어 다시 그 집을 찾아갔다. 낮 시간이라 그런지 실내가 더 환하고 밝았다. 그날 퇴근하고 바로 부동산 중개업소에 들러 계약서에 도장을 찍었다.

당시 그 집 가격은 5억 7000만 원이었다. 내 수중에는 그간 살던 집 전세금 4억 4000만 원과 그동안 모은 종잣돈 1억 3000만 원이 있었다. 구리시 집 전세금이 올라 받은 돈도 얼마간 보탤 수 있었다. 그날 도장을 찍으면서 나는 2주택자가 되었다. 남의 일처럼

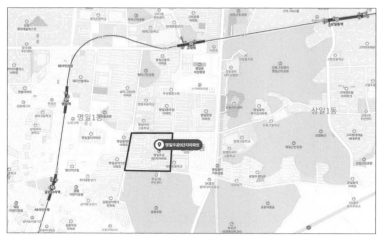

△ 고덕주공9단지. 5호선 굽은다리역과 명일역, 고덕역이 걸어서 가기 편한 거리에 있고 단지 바로 뒤로는 길동공원이 이어져 있다. 또한 대명초등학교, 한영외국어고등학교, 한영고등학교, 명일여자고등학교 등 여러 학교가 근처에 있다. 출처=네이버 지도.

아들아, 부동산 공부해야한다

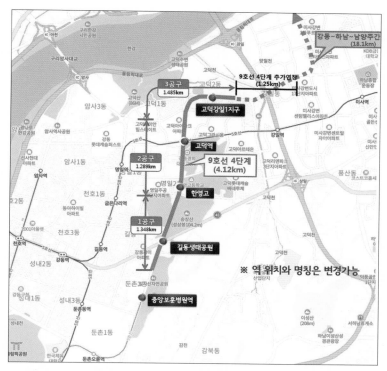

△ 서울 9호선 4단계 연장 예정 지역. 9호선이 연장되면 고덕주공9단지는 5호선 명일역, 9호선 한영고역, 환승역인 고덕역까지 이용할 수 있으므로 서울 강남 접근성이 크게 개선된다. 출처=강동구청.

만 느껴졌던 다주택자에 한 걸음 다가섰다고 생각하니 꿈만 같았다. 나도 다주택자가 될 수 있구나, 아니 꼭 다주택자가 되겠다는 마음이 꿈틀댔다.

그때 구입한 고덕주공9단지에는 몇 가지 호재가 있었다. 서울9호선 4단계 연장이 확정되어 인근에 한영고역, 길동생태공원역, 중앙보훈병원역 등이 개통할 예정이었다. 하남검단산역의 5호선 연장 개통도 예정돼 있었다. 인근에 구리-세종 간 고속도로가 개통할 예정인 데다 강동구의 고덕 지구가 재건축을 진행하면서 동네가 날로 좋아지는 게 눈에 보였다. 고덕주공9단지는 마침 집을 사고자 할 때 운명처럼 만난 곳인 데다가 여러 호재를 안고 있어 볼 때마다 흡족하다. 게다가 평범한 나도 다주택자가 될 수 있다는 자신감을 불어넣어 주었다. 집도 인연이라는 게 있다면, 고덕주공9단지는 나에게 참 고마운 인연인 셈이다.

집도 안 보고
계약이라니

고덕주공9단지아파트를 계약한 시기는 보수 정권에서 진보 정권으로 정권이 이양된 해였다. 새롭게 출범한 문재인 대통령의 정부에 대한 기대감이 높았고 경제와 사회의 발전을 바라는 국민들의 열망이 대단했다. 나라 전체적으로 국민 지지율이 70%를 넘어가는 시기였다. 나는 진보 정권 집권 시기에는 부동산 가격이 대체로 올라간다고 판단했다. 진보 정권은 부동산이나 여러 자산 시장에 대한 규제를 강화하는 정책을 펼치는데, 그러면 부동산 공급이 부족해질 수밖에 없기 때문이다. 수요가 꾸준한 필수재가 공급이 부족하면 값은 폭등하기 마련이다. 그건 주부로서 내 감각이 말해주었다.

　여름 태풍 때문에 낙과 피해가 발생하면 추석 때 꼭 사과나 배의 가격이 폭등한다. 전염병 때문에 고추 생산이 줄어들면 그해 김 장철에는 어김없이 고춧가루도 금값이 된다. 과일이나 채소처럼, 어쩌면 그와 비교도 할 수 없을 만큼 집은 삶에 필수적이다. 그러니 조금만 공급이 부족해도 가격이 오르는 건 당연한 일이었다.

내가 처음 집을 구입한 2004년도 노무현 대통령이 당선되고서 집값을 규제로 잡겠다고 했는데 어김없이 집값이 올랐다. 그 경험 으로 2017년 고덕주공9단지를 살 때도 집값이 오르면 올랐지 떨어 지지 않을 거라는 자신감이 있었다. 게다가 고덕동과 명일동 두 곳 은 수년을 살아오면서 속속들이 꿰고 있는 동네였다. 어느 아파트 값이 출렁인다는 소식이 들릴 때마다 나는 온몸에 촉각을 세우고 부동산 공부를 했다.

다주택자가 되겠다는 마음에 자신감까지 장착한 나는 바로 주 변 아파트 한 곳을 더 매수하기로 했다. 고덕주공9단지를 계약하고 2주가 지난 주말, 눈여겨보던 삼익맨션아파트 임장을 다녀왔다. 평 소 연락하고 지내던 부동산 중개업소 사장님께 부탁드려 임장에 동 행했다. 삼익맨션은 재건축이 조금씩 진행되고 있어서 매물이 나오 는 족족 나가고 있었다. 내가 눈여겨본 매물은 그중에서도 대지 지 분율이 높은 곳이었다. 당시 나온 매물 중 해당 동 물건은 하나뿐이 었다. 당장이라도 살펴보고 싶었지만, 그날은 주인이 집에 없어서 볼 수 없었다.

아들아, 부동산 공부해야한다

다급한 마음에 다른 부동산 중개업소로 발길을 돌리려다가 커피나 한잔 하고 가시라는 사장님 말에 잠시 쉬려고 그분 사무실에 들렀다. 부동산 중개업소에 앉아 이런저런 이야기를 하는데 사장님이 비슷한 삼익맨션 물건을 가지고 있다고 말씀하시면서, 그 물건도 지금은 보지 못한다고 했다. 그 아파트는 현재 전세를 사는 세입자가 집을 잘 보여주지 않는다고 했다. 중개업소 사장님께 아파트 조건을 상세히 여쭤보고 집값이며 지분율, 전세 가격을 종합적으로 따져보니 계약 조건이 나쁘지 않았다. 물론 집을 보지 않았다는 게 마음에 걸렸지만, 점점 계약하는 쪽으로 마음이 기울었다.

집주인은 명일동 인근의 아파트 2채를 팔아서 강남 상급지로 이동하려는 분이었다. 그분도 삼익맨션아파트 가격이 올라갈 거라고 판단하고 있었지만, 이미 강남 매물을 구입한 상황이라 매매를 서두르고 있다고 했다. 일종의 급매물이었다. 나에게는 삼익맨션을 살 수 있는 절호의 기회였다.

다만 문제는 삼익맨션을 매수하려면 대출이 필요하다는 것이었다. 당시 삼익맨션의 매매가는 5억 4000만 원이었고, 전세가율이 65%로 높아서 갭 투자하기에는 나쁘지 않은 상황이었다. 다만 전세를 놓는다고 해도 1억 원이 넘는 대출금이 필요했다. 나는 고민하다가 남편에게 전화했다.

남편은 대출받는 것이 싫다며 대뜸 화를 냈다. 1억 원이 넘는 금액을 대출받는 것은 부담감이 크다면서, 더 이상 대출을 갚으며 살기 싫다고 했다. 집이 2채인데 왜 집을 또 사냐며 남편은 나를 말리려 했다. 나는 가끔 남편이 헛똑똑이라는 생각을 하는데, 그때도 마찬가지였다. 남편은 경제적 지식은 많지만 경제적 관념은 없는 전형적인 선비 타입이었다. 겉으로 똑똑해 보이지만 실속이 없다는 게 문제다. 그나마 다행인 점은 고집은 없다는 것인데, 내가 추진하면 결국에는 못 이기는 척 따라주는 게 남편의 장점이었다. 나는 남편에게 이 계약을 무조건 하고 싶다고 말하고, 바로 결정하여 부동산에 통보해버렸다.

그런데 또 다른 복병이 나타났다. 바로 집주인의 아내였다. 그분은 2채 중 1채의 아파트가 이미 계약되었기 때문에 삼익맨션만은 좀 더 신중하게 고민해보고 팔겠다며 바로 계약하지 않겠다는 뜻을 전해 왔다. 나는 집주인에게 아내분을 설득해달라고 부탁하며, 무조건 기다리겠다고 말씀드렸다. 그리고 그날 늦게까지 그 부동산 중개업소에서 기다리고 또 기다렸다. 나는 점점 속이 탔다. 이번 기회가 아니면 삼익맨션아파트를 사지 못할 거라는 불안감이 엄습했다. 결국 자정을 1분 앞둔 11시 59분, 집주인이 계좌 번호를 보내왔다. 집주인의 오랜 설득 끝에 아내분도 마음을 연 것이었다. 11시 59분 계약금을 입금하고, 긴 기다림 끝에 그렇게 바라던 삼익맨션을 계약할 수 있었다.

그렇게 주말을 보내고 월요일 오전에 계약서를 작성하면서 그

아들아, 부동산 공부해야한다

집을 처음으로 보게 되었다. 집을 보지 않고 계약한 건 그때가 처음이었는데, 다행히 집 상태는 생각보다 양호했다.

나는 이렇게 2017년 5월 한 달 동안 재건축 아파트 2채를 마련했다. 그 계약 이후에 아파트값은 하루가 다르게 상승했다. 물론 나는 아파트값이 올라 기분이 좋았지만, 그보다 더 좋은 점이 있었다. 저녁에 주변의 공원을 산책하면서 지날 때 그 아파트들을 바라보면서 '저기가 우리 집이다' 하는 생각이 들면 그때마다 너무도 흐뭇했다. 일부러 자주 그 아파트 쪽으로 지나간다. 내 집을 2채 더 가지고 있다는 점이 너무도 좋았다.

△ 삼익맨션 매매가. 34평 기준 매매가는 2017년 5월 5억 4000만 원에서 2021년 12월 14억 4000만 원까지 상승했다. 출처 = 네이버 부동산.

△ 삼익맨션 거래 건수. 2017년을 기점으로 매매 건수가 수직 상승했다. 출처 = 아실.

아들아, 부동산 공부해야한다

망설여진다면
파는 게 아니다

한 달 새 2채의 아파트를 매수하면서 다주택자가 되었지만, 그 시기에 운 좋게 매수만 한 건 아니었다. 땅을 치며 후회하는 실수도 있었다.

구리시 삼환신일아파트를 매도하자는 남편의 말에 2019년 1월 4억 8000만 원에 팔고 말았다. 역세권에다가 상권이나 녹지도 좋은 아파트여서 팔 때 적잖이 고민했지만, 이미 명일동에 아파트 2채를 마련한지라 매도했다. 그런데 내가 팔고 나니 아파트 가격이 눈에 띄게 쑥쑥 오르는 게 아닌가. 2022년 현재 삼환신일아파트의 호가는 9억 9000만 원에서 12억 원대로 우리가 매매한 가격의 2배가 훌쩍 넘는다.

이미 판 아파트값이 하루가 다르게 오르는 것을 본 나는 집은 파는 것이 아니라고 확신하게 되었다. 그때 아파트값이 상승하는 흐름을 보면서 도저히 안 되겠다 싶어서 바로 인근의 다른 아파트를 알아보았다. 틈날 때마다 주변 지역을 임장하고 인터넷으로 부동산 가격과 흐름을 살펴보았다.

그때 눈에 들어오는 아파트가 있었다. 원래는 2016년에 매수하고 싶었던 삼익그린2차였다. 삼익그린은 명일동 재건축 단지에서도 대장 아파트로, 명일역과 고덕역을 도보로 이용할 수 있고 단지 안에 초등학교가 있을 뿐 아니라 중·고등학교도 가까웠다. 무엇보다 2300세대로 재건축이 진행되고 있었는데, 재건축 예상 세대수가 3400세대로 강동구의 둔촌주공아파트 다음으로 손꼽히는 규모였다.

옆 단지인 삼익그린1차아파트는 이미 신축으로 재건축되어 입주를 마쳤고, 인근 고덕 지구의 아파트들도 재건축을 통해 신축 아파트로 탈바꿈해 입주가 시작되고 있었다. 명일동의 다른 구축 아파트들도 재건축에 대한 기대를 가지고 재건축을 준비하거나 이미 진행하고 있었다.

아무리 다른 지역 아파트 임장을 다녀도 그 아파트가 눈에 밟

혔다. 하지만 문제는 돈이었다. 매매 자금이 부족했다. 그때 큰아들이 군 입대를 하면서 나에게 묘수가 떠올랐다. 네 식구는 몰라도 세 식구라면 2년 정도는 투 룸 빌라에 거주할 수 있겠다는 생각이었다. 우리가 살던 고덕주공9단지아파트는 4억 원에 전세를 주고 우리 가족은 오래된 투 룸 빌라를 2억 원에 전세로 얻어 이사했다. 결국 2020년 6월, 대출금 1억 3000만 원에 고덕주공9단지아파트 전세금 4억 원, 저축한 비용을 보태 아파트를 매매할 수 있었다.

사실 33평 아파트에 살다가 투 룸 빌라로 이사하니 생각보다 힘든 일이 많다. 남편과 아이들은 힘들다고 아우성이고, 내가 주도한 일이라 모른 척하고 있긴 하지만 나도 불편한 점이 많다. 엘리베이터가 없어 4층까지 마스크를 쓰고 오르내리는 것도 숨 가쁜 일이고, 베란다가 없어서 빨래를 말릴 공간도 충분하지 않다. 환기가 잘되지 않아 요리할 때마다 방문을 닫고 현관문을 열어야 하고, 이사 후 첫 겨울에는 결로 때문에 곰팡이가 생겨 멀쩡한 옷장을 버려야 했다. 그래도 이 또한 지나가리라 생각하면서 불편을 견디고 있다.

이렇게 나는 5번의 매수와 2번의 매도를 통해 재건축 아파트 3채를 갖게 되었다. 삼익그린2차를 매매하면서 받은 대출금은 남편이 2020년 9월 직장을 나오면서 받게 된 퇴직금으로 모두 상환했다. 투 룸 빌라 생활이 괴롭다가도 문득 우리 가족을 괴롭게 하는 게 매월 상환해야 하는 대출 부담이 아닌 게 어디인가 하는 생각도

든다. 몸의 불편함이야 목표가 있는 한 얼마든 견딜 수 있다.

흔히 집은 살까 말까 망설여진다면 사는 게 맞고, 팔까 말까 망설여진다면 안 파는 게 맞다고 한다. 적어도 지금까지 내가 경험한 한도에서는 그 말이 딱 맞았다. 팔까 말까 망설였던 구리시 아파트를 매도하여 큰 기회비용을 날렸지만, 살까 말까 망설였던 재건축 아파트 매수는 지금도 후회하지 않는 선택이다.

재건축 단계
이해하기

나는 재건축 아파트에 관심이 많다. 내가 매수한 아파트도 모두 재건축 아파트고, 임장을 다니는 아파트도 대개 재건축 아파트다. 또 마포구 시영아파트나 목동의 재건축 단지, 여의도의 재건축 단지, 노원구의 미미삼(미륭·미성·삼호3차아파트), 수서동과 일원동의 아파트 단지, 송파구의 오금동·가락동, 광진구의 재건축 단지, 광명시의 하안 주공 단지 등 최근 관심을 두는 아파트도 모두 재건축 대상이다.

아마도 고덕동 반지하에 살 때 그 옆의 고덕시영아파트가 재건축되어 신축으로 우뚝 서는 모습을 보면서 내 안에 재건축에 대한

눈이 뜨인 것 같다. 또 우리 가족이 가진 예산으로 투자하기에는 신축이 너무 비쌌기 때문에 투자 대상을 구축으로 한정할 수밖에 없기도 했다.

재건축은 시간이 꽤 오래 걸리는 과정이다. 정비 구역으로 지정되고 준공되기까지 평균 8.9년이 소요된다.

도시·주거환경정비 기본계획 수립 → 안전 진단 실시 → 정비 구역 지정 → 추진위원회 구성 → 조합 설립 인가 → 시행 사업 인가 → 관리 처분 인가 → 철거 및 착공 → 준공 인가 → 이전 등기 → 조합 해산·청산

△ 재건축 사업 시행 절차.

△ 서울시 재건축 정비 구역은 서울시 홈페이지에 고지되어 있다. 출처 = 서울시.

아들아, 부동산 공부해야한다

「도시 및 주거환경정비법」상 재개발 사업과 재건축 사업은 다음과 같이 구분된다.

구분	재개발 사업	재건축 사업
정의	정비 기반시설이 열악하고 노후·불량 건축물이 밀집한 지역에서 주거 환경을 개선하거나 상업지역·공업지역 등에서 도시 기능의 회복 및 상권 활성화 등을 위하여 도시 환경을 개선하기 위한 사업	정비 기반시설은 양호하나 노후·불량 건축물에 해당하는 공동주택이 밀집한 지역에서 주거 환경을 개선하기 위한 사업
안전 진단	없음	있음(공동주택 재건축만 해당)
조합원 자격	토지 또는 건축물 소유자 또는 그 지상권자(당연가입)	건축물 및 그 부속 토지 소유자 중 조합 설립에 찬성한 자(임의가입)
주거이전비 등 보상	있음	없음
현금 청산자	토지 수용	매도 청구
초과이익 환수제	없음	있음

△ 출처=찾기 쉬운 생활법령정보.

요즘 낡은 아파트를 허물고 새로 아파트를 짓는 재건축이 투자자 사이에서 투자 1순위로 꼽힐 만큼 인기가 높다. 특히 땅의 면적이 좁고 더 이상 신규 개발이 불가능한 수도권, 지방 대도시는 대표적인 재건축 투자 지역이다. 인구가 집중된 도심 요지의 노후주택지가 대규모 아파트 단지로 탈바꿈하는 재건축은 유망한 투자처가 틀림없다. 여기에 최근 부동산 규제 완화 기조까지 더해져 시장 기대감이 높아졌다. 그렇다고 무작정 투자할 수는 없다. 재건축 투자에는 몇 가지 짚어야 할 체크 포인트가 있다.

먼저 입지다. 입지는 재건축뿐만 아니라 모든 부동산 투자의 기본이다. 물론 재건축 단지 중 입지가 좋은 투자 유망 지역 1위는 역시 강남이다. 그러나 강남 지역은 투자금이 너무 커서 접근하기 힘들다. 그렇다면 최소한 일반 분양이 잘되는 지역을 선택해야 한다. 미분양 리스크가 적은 수도권을 우선으로 살펴봐야 한다. 투자금이 부족할 경우에는 서울 핵심 지역과 연결되는 교통이 좋은 지역순으로 입지 수준을 판단해야 한다.

그다음은 입주 후 가격이다. 입주 후 상승할 가능성이 높은지 따져봐야 한다. 입주 후에 그 지역에서 대장 아파트가 될 수 있는지, 그렇지 않다면 최소한 지역 내 상급지 아파트가 될 수 있는지 여부를 따져야 한다.

아들아, 부동산 공부해야한다

마지막으로 일반 분양은 다양한 평수가 공급되는지 살펴봐야 한다. 재건축 조합원 분양은 선호도가 가장 높은 84제곱미터 물량부터 선점하게 된다. 일반 분양에 비인기 평수만 남게 된다면 미분양이 발생할 수도 있다. 작은 평형부터 큰 평형대까지 분양받는 사람의 니즈에 부합되는 다양한 평수가 있어야 분양도 활발하고 분양후 프리미엄도 기대할 수 있다.

지금까지는 재건축 투자에서 가장 기본적으로 검토할 사항을 이야기했다. 또한 재건축 아파트를 매수할 때 체크해야 할 세부적인 사항 네 가지가 있다. 재건축에 투자하기 전에 이 사항을 꼭 점검해야 한다.

첫째는 재건축 아파트의 대지 지분이다.

대지 지분율은 대지권 비율이라고도 한다. 공동주택의 전체 단지 대지 면적을 세대수로 나눈 면적 비율을 말한다. 내가 투자한 고덕주공9단지는 16.6평, 삼익맨션은 20.1평으로, 대지 지분이 높은 재건축 아파트였다. 보통 5층 이하 저밀도 단지 아파트는 대지 면적이 넓고 용적률은 낮아서 대지 지분이 크다. 반대로 중층 또는 고층 아파트는 같은 대지 면적에 각 층 세대수가 많기 때문에 그만큼 대지 지분이 적다.

서울 부동산 정보광장 인터넷 사이트에 들어가면 대지권 비율

항목으로 대지 지분을 확인할 수 있다.

둘째는 재건축 아파트의 무상 지분율이다.

무상 지분율은 개발 이익 평수를 대지 면적으로 나눈 비율을 말한다. 즉, 재건축 사업에서 시공사가 대지 지분을 기준으로 어느 정도 면적을 추가 분담금 없이 조합원에게 분양해줄 수 있는지 나타내는 비율이다. 무상 지분율이 높을수록 조합원은 개발 이후에 조합원 분양 평수를 크게 받을 수 있다. 무상 지분율은 높으면 높을수록 좋다.

보통 무상 지분율은 150% 정도다. 내가 소유한 삼익맨션의 경우 대지 지분은 20.1평이고 예상되는 무상 지분율은 150%로, 개발 이후에 재건축 분담금 없이 받을 수 있는 평수가 30.1평이다. 재건축 아파트에 투자하려면 무상 지분율을 잘 이해해야 한다.

또한 시공사를 선정할 때는 무상 지분율 제시 조건을 꼼꼼히 살펴야 한다. 재건축 아파트 투자는 무상 지분율 150% 이상으로, 개발 후에 높은 평수를 분양받는 것이 성공적인 투자의 핵심이다.

셋째는 재건축초과이익환수제다.

재건축초과이익환수제는 재건축으로 조합이 얻는 이익이 인근 집값 상승분과 개발 비용을 빼고 1인당 평균 3000만 원을 초과하는 경우에 초과 금액의 최저 10%에서 최고 50%를 세금으로 내도록 하

아들아, 부동산 공부해야한다

는 제도다. 부담금을 산정할 때의 기준 일자는 재건축 추진위원회의 설립 승인일과 준공 허가일이다. 초과 이익은 재건축 준공 인가 시점의 집값에서 재건축 추진위원회 설립 승인 시점의 집값을 빼고 여기에 개발 비용까지 남은 이익을 말한다.

따라서 재건축 아파트에 투자하기 전에 재건축초과이익환수제 해당 여부를 꼭 확인하고, 만약 부담금을 부담하게 된다면 액수를 확인하고 수익성을 분석해야 한다.

준공 허가 시점에 집값이 올라서 초과 이익이 커진 재건축 아파트 단지가 많아졌다. 그러므로 부담금이 생각보다 크다. 일시에 커진 부담금을 대출 없이 현금으로 내야 해서 곤란해진 재건축 아파트 조합원들도 있다. 따라서 재건축 아파트에 투자하려면 초과 이익 환수 금액을 꼼꼼하게 살펴야 한다.

마지막으로 언급할 점은 재건축 사업에서 현금 청산에 관한 부분을 유심히 살펴야 한다는 것이다. 재건축 아파트 사업에서는 관리 처분 인가 시점에 현금 청산을 당하는 사례가 종종 있다.

「도시 및 주거환경정비법」에 따른 현금 청산 대상자는 다음과 같다. ① 분양 신청 기간 이내에 분양 신청을 하지 아니한 자, ② 분양 신청 기간 종료 이전에 분양 신청을 철회한 자, ③ 투기과열지구 내 정비 사업에서 조합원 분양분 또는 일반 분양분의 분양 대상자 및 그 세대에 속한 자 중 분양 대상자 선정일(조합원 분양분 분양 대상자는 최초 관리처분계획 인가일)부터 5년 이내에 해당하는 자, ④ 인가된 관리처분계획에 따라 분양 대상에서 제외된 자, ⑤ 사업 시행자가 정한 분양 계약 체결 기간 내에 분양 계약을 체결하지 아니한자, ⑥ 분양 계약을 체결하였으나 분양 대금 미납 등 계약 사항을 이행하지 아니한 사람이다. 현금 청산에 관해서는 「도시 및 주거환경정비법」 제73조를 참고하여 꼼꼼하게 살펴야 한다.

재건축 규제가 완화되어 재건축 투자에 대한 기대감도 높아졌지만 재건축초과이익환수제와 현금 청산 규정이 투자의 복병이 될 수 있으니 유의해서 살펴봐야 한다.

재건축 투자는 대지 지분율, 무상 지분율, 재건축초과이익환수제, 현금 청산 네 가지를 꼼꼼하게 살펴야만 목표한 투자 수익을 얻을 수 있다.

아들아, 부동산 공부해야한다

오늘 할 일을
내일로 미루지 않는 것

나는 성공도 실패도 모두 자기 안에 있다고 생각한다. 그래서 모든 걸 단순하게 생각한다. 어떤 일이 잘 안 됐을 때는 내가 부족했다고 생각하고, 잘됐을 때는 내가 이룬 걸 자랑스럽게 생각한다. 사회생활을 하면서 나와 잘 맞지 않는다고 생각한 사람은 복잡하게 꼬아 생각하는 사람이었다. 그런 사람은 잘된 일은 본인이 잘했기 때문이라고 생각하면서도 일이 실패하면 구구절절 남 탓을 한다.

50 넘게 살다 보니 성공하는 사람, 실패하는 사람을 주위에서 많이 보게 되었다. 내가 본 게 전부는 아니겠지만, 숱한 유형을 접하면서 내 나름대로 성공하는 사람과 실패하는 사람의 차이라고 여기게 된 것들이 있다.

뭘 해도 안 되는 사람들은 하나같이 문제를 회피하거나, 무책임하거나, 뒤로 미루는 공통점이 있었다. 한마디로 게으르다는 이야기다. 부지런한 사람이 안타깝게 일이 안 풀리는 경우는 봤어도 게으른 사람이 자수성가했다는 이야기는 아직 못 들어봤다.

내 아이들에게도 가장 강조하는 게 있다면 부지런하라는 것이다. 일찍 일어나고, 할 일을 제때 하고, 자신이 한 일에 책임을 다하면 세상 살면서 사람 구실 못한다고 손가락질 받을 일은 없다.

가끔 남편이 어느 유튜브 채널에서 2500만 원을 50억 원으로 불린 아내 이야기를 듣고 싶다는 제안이 왔다며 같이 출연하자고 이야기하곤 한다. 나는 그런 제안을 하나같이 거절해왔다. 남보다 아는 게 많지도 않고, 남보다 투자를 많이 해본 것도 아닌 내가 남 앞에서 뭘 아는 듯이 말한다는 게 겸연쩍은 일이라고 생각했다. 그래도 남들에게 자랑스럽게 말할 수 있는 나만의 강점도 분명 있다. 오늘 할 일을 내일로 미루지 않는 것이다. 기본 중 기본이지만, 내 보잘것없는 성공의 비결은 이 기본에 있었다.

2016년 여름, 당시 우리가 전세로 살던 삼익그린2차 30평 매물이 나왔다는 연락을 받았다. 부동산 중개업소 사장님이 물건을 보라고 권했지만, 그때는 그냥 부동산 흐름만 물어보고 지나쳤다. 그 중개업소 사장님은 지인과 같이 계셨는데, 재건축 아파트 2채를 가지고 있다는 그 지인은 재건축 대장 아파트로서 삼익그린2차가 지닌 가치에 관해 열변을 토하셨다. 당시 그 집을 보았더라면 우리는 훨씬 빨리 다주택자가 되었을 것이었다. 그때 삼익그린2차아파트 가격은 5억 3900만 원이었다. 이듬해 같은 달에는 6억 5000만 원으로 1억도 넘게 올랐다. 나는 그 일 때문에 땅을 치고 후회했다. 어쩌면 내가 잡을 수도 있었던 아파트의 가격이 고공 행진하는 모습을 보니 정말이지 배가 아팠다. 그때 꼭 사야 하는 집을 볼 기회는 놓치지 않고, 매매할 수 있는 타이밍도 놓치지 않겠다고 결심했다.

다음 해인 2017년 5월 말 삼익맨션아파트를 살 때 힘든 선택의 기로에 놓였다. 세입자가 집을 보여주지 않았으며, 집주인 부부의 의견 대립으로 인해 집 계약이 힘든 상황이었다. 그날은 토요일이었는데, 마음에 둔 삼익맨션아파트 매물은 그것 하나뿐이었다. 평수에 비해서 대지 지분이 많은 동이었다. 나는 마음이 무척 급했다. 그날 매매 계약을 하지 않으면 돌아오는 월요일에 또 가격을 올려 내놓을 것이 뻔했기 때문이다. 그해 5월 말은 아파트 가격이 급등하던 때여서 집주인이 주말 사이에 물건을 거둬들였다가 월요일에 가격을 올려 부동산 중개업소에 내놓는 일이 자주 있었다. 5억 4000만 원이었던 시세가 5일 뒤에는 3000만 원 이상 올라서 거래되었다.

나는 계약하기 위해 매매자가 계좌 번호를 알려주기만을 애타

게 기다렸다. 자정이 다 되어서야 매매자가 계약 의사를 확정했고, 바로 계약금을 보냈다. 돌아오는 월요일에 계약서를 작성하면서 계약한 집을 처음 보았다. 물론 그전에 인터넷을 통해 많이 알아보기도 했고, 여러 번 임장을 통해 다른 동 물건도 자주 봤기 때문에 자신은 있었다. 당시 시장은 매매자가 우선이었기 때문에 어떻게든 빨리 집부터 잡는 것이 좋았다. 그래서 집도 보지 않고 바로 계약하는 결정을 내릴 수 있었다고 생각한다.

세상 모든 일은 때가 있다고 한다. 살아보니 기회는 정말 부지런한 사람의 몫인 것 같다. 해야 하는 일을 미루거나 결정을 회피하거나 망설이다 보면 기회는 어느덧 물 건너가고 만다.

아들아, 부동산 공부해야한다

점프할 수 있을 때
과감히 점프해라

전세 제도는 임차인에게는 저축하도록 해주는 역할을, 임대인에게 는 무이자 대출을 해주는 역할을 한다. 나는 대한민국 전세 제도가 세계에서 찾을 수 없는 최고의 주택 제도라고 생각한다. 세입자는 내가 집을 살 수 있게 만들어준 고마운 사람이다. 그래서 나는 임차 인이 요구하는 건 대체로 들어주려고 하고, 임차인이 불편한 점이 있을 때는 바로 해결해주는 편이다. 또 전세가도 내 형편이 되는 한 주변보다 저렴하게 주고 있다. 신혼 때 나도 반지하 전세금을 마련 하느라 혼수 비용이며 그릇 살 돈까지 다 긁어 넣고 정작 가전 살 돈이 없어 대출을 받은 경험이 있다. 목돈 마련이 얼마나 힘든지도 알고, 갑자기 전세금이 오르면 사는 사람이 얼마나 막막한지도 이미 겪어보았기 때문에 전세금도 되도록 저렴하게 맞춰주려고 한다. 재계약할 때도 전세금을 올리지 않고 넘어간 적도 많다. 그래서 우리 집 전세는 주변 대비 25% 정도 저렴한 상황이다. 또 내 집이 소중하다고 임차인에게 까다로운 거주 조건을 요구하지 않는다. 어떤 임대인은 벽에 액자 하나도 못 걸게 한다는데, 나는 임차인이 못을 박는 것 정도는 신경 쓰지 않는다.

나는 한편으로 임차인이기도 하다. 우리 소유의 아파트 3채 모두를 전세로 주고 우리 가족은 투 룸 빌라에서 전세로 살고 있다. 오래된 집이기는 하지만 집주인의 마음을 생각해 되도록 깨끗하게 쓰려고 한다. 내 집에 임차인이 못 박는 거야 눈감고 넘어가지만, 내가 빌려 사는 집에서는 집주인의 입장을 생각해 못은커녕 액자 하나도 달지 않고 산다.

지금까지 임차인과 임대인으로 살면서 인상 깊게 남은 경험을 많이 했다.

나는 2001년도 겨울에 처음으로 아파트 전세 계약을 했다. 아파트 계약은 이전의 빌라와 다가구의 계약과는 많이 달랐다. 전세금액이 컸다. 24평 복도식 주공아파트로 전세금이 7500만 원이었다. 그때 우리는 3500만 원짜리 지층 빌라 전세에 살고 있었다. 7500만 원의 아파트 전세로 옮기려면 4000만 원의 대출을 받아야 했는데, 그때 나에게는 너무도 큰돈이었다. 남편이 부도난 회사에서 다른 회사로 이직한 지 몇 년 지나지 않은 시점이었고 둘째 아이가 태어나 돈 들어갈 곳이 많았다. 둘째 아이는 첫째보다 아토피가 심했다. 얼굴에서 진물이 나오고 얼굴과 몸이 울긋불긋했다. 물론 첫째 때와 달리 반지하 상황은 아니었지만, 벌레가 자주 나오는 열악한 환경인 건 마찬가지여서 부모로서 더 좋은 곳으로 빨리 옮겨주고 싶었다.

다행히 남편 회사와 은행에서 각각 대출이 나와 4000만 원을 빌릴 수 있었다. 무엇보다 원래 8500만 원이었던 전세금을 집주인이 1000만 원이나 깎아줘서 계약할 수 있었다. 집주인은 S전자에 다니는 30대 직장인이었는데 수원으로 이사하면서 집을 전세로 내놓는다고 했다. 젊은 아줌마가 전세금을 깎아달라고 사정하니 딱하게 보였는지 선뜻 1000만 원을 깎아주었다. 마음씨 좋은 임대인이었다.

그 24평 복도식 아파트는 우리 가족이 처음으로 생활한 아파트이기도 해서 기억에 남는다. 바퀴벌레가 출몰하던 반지하며 빌라에서 살다가 아파트 생활을 시작하자 시부모님이 참 장하다고 해주셨다. 정해진 날짜에 소독도 해주고, 겨울에도 외풍 없이 따뜻하고, 여름에도 시원하게 에어컨 바람을 쐴 수 있고, 친정집 식구들이 방문해도 편안하게 지내다 가기 좋아서 장점이 이루 말할 수 없을 정도로 많았다.

복도의 건너편에서는 초등학교 운동장이 내려다보였는데, 아이들을 학교에 보낸 후 복도에 서서, 쉬는 시간에 노는 아이들 소리를 듣는 것도 좋았다. 비록 전세지만 생활의 편의를 만끽하는 시간이었다. 그 집에 오래 살고 싶었는데, 전세 기간이 끝날 무렵 집주인이 집을 팔고 싶다는 의사를 전해 왔다. 정든 집이라 우리가 사고 싶었는데 가격 조율이 잘되지 않았다. 집이 서향이라 남향에 비해 선호도가 떨어졌는데, 집주인은 남향 집의 시세와 똑같이 받고 싶어 했다. 그때 마침 남향인 앞 동 24평 아파트가 매물로 나와 그동안 살던 집을 포기하고 앞 동 집을 1억 4500만 원에 매수했다.

당시에는 대출받았던 4000만 원을 어느 정도 갚았기 때문에 전세금 7500만 원을 고스란히 매수 자금으로 쓸 수 있었다. 여기에 친정 부모님이 2000만 원을 도와주셨고, 남편 회사에서도 회사 대출을 받을 수 있어서 매수 자금과 이사비로 쓸 1억 5000만 원을 마련할 수 있었다. 그 돈으로 매매 대금 1억 4500만 원을 지불하고 우리 가족의 첫 보금자리 아파트를 구입했다. 남편 회사에서는 매달 월급에서 일정 금액의 대출금을 떼고 급여를 받는 제도를 택할 수 있어서 그 제도로 급여를 받았다. 은행 이율보다 저렴했고, 은행 신용대출도 따로 받을 수 있어서 여러모로 이득을 보았다.

7500여만 원으로 1억 4500만 원인 아파트를 매매한다는 것은

아들아, 부동산 공부해야한다

두려운 일이었지만, 나는 그 아파트를 매수해서 다음 단계로 도약하는 토대를 마련할 수 있었다. 처음에는 이것이 점프할 수 있는 토대인지 모르고 저질렀지만, 나중에 생각해보니 첫 아파트가 기반이 되어 38평 아파트로 점프할 수 있었고, 그러면서 우리도 임대인이 되어 다른 아파트 매수에도 도전할 수 있었다.

내가 아이들에게 강조하는 부분이 바로 이것이다. 뭐든지 작은 토대를 마련해놓으면 더 높은 곳으로 도약하는 계기가 될 수 있다는 점이다. 그러니 내 집 마련을 할 수 있을 때 과감히 구입하고, 더 좋은 집으로 옮길 수 있다면 과감히 시도하라고 이야기한다.

내가 부동산 투자를 선호하는 이유
세 가지

나는 남들보다 아는 게 많지도 않은 50대 아줌마다. 그런 나도 2500만 원으로 시작해 50억 원의 자산을 일구었다. 그 핵심은 누가 뭐래도 부동산이었다. 나 같은 아줌마도, 아니 오히려 내가 주부였기 때문에 부동산 투자를 더 잘할 수 있었다고 생각한다. 나는 아들에게도, 나와 같은 주부들에게도 부동산 투자를 꼭 추천하고 싶다. 평범한 아줌마인 내가 할 수 있다면 누구나 할 수 있기 때문이다.

부동산 투자는 먼저 실물을 보고 계약하기 때문에 판단하기가 어렵지 않다. 나는 수학 낙오자였다. 내가 어릴 때 아버지에게 산수를 배우던 일이 지금도 선명하게 기억난다. 아버지는 저녁을 드시고 나면 어린 나를 데리고 산수를 가르쳐주셨다. 나무 막대기를 가지고 더하기 빼기를 가르쳐주신 것이 기억난다. 아버지가 애써 가르쳐주셨지만 내 산수 실력은 그리 나아지지 않았다. 초등학교 시절 성적은 중간 정도였는데, 그중 산수 과목은 내내 하위권을 맴돌았다.

그래서 나는 주식 투자는 아예 꿈도 꾸지 못했다. 나 같은 '수포자'는 지표나 차트를 도저히 이해할 수 없었다. 그래서 부동산 투자만 했다. 부동산 투자는 수학적 계산이 필요 없다. 무엇보다 내가 알고 있는 지역, 평소에 눈여겨보던 지역의 집을 직접 눈으로 보고 계약하는 방식이 나와 잘 맞았다. 사람들이 어떻게 사는지, 집이 어떻게 생겼는지 실물을 보고 계약할 수 있으니 무엇보다 확실했다. 물론 인터넷으로 매물을 보고 시세 흐름을 살피기도 하지만, 계약할 때는 반드시 직접 부동산 중개업소를 방문해 이야기를 듣고 나만의 방식으로 정리하는 과정을 거친다. 심지어 감귤 하나를 살 때도 마트에 가서 물건을 뒤적거려 확인하고 시식도 하고서 산다. 숫자나 논리로 판단하기보다 실제 몸으로 경험한 것을 더 믿는 나 같은 사람에게는 부동산이 확실한 투자처다.

내가 부동산 투자를 선호하는 두 번째 이유는 부동산은 보유한 시간만큼 보상받기 때문이다. 나는 무언가 소유하는 걸 좋아하는 성격이다. IMF 외환위기 당시 우리 집은 남편이 다니던 회사가 부도나고 여러모로 형편이 좋지 않았다. 남들 같으면 예물을 팔아서 생활비를 마련했겠지만 나는 예물을 판다는 건 생각조차 하지 않았다. 마찬가지로 생활비에 쪼들릴 때도 아이들 청약 통장이나 보험, 정기적금은 한 번도 깨지 않고 유지했다. 부동산도 마찬가지였다. 그렇게 유지하고 견디다 보면 더 큰 가치로 보상을 받았다. 특히 내가 매수한 아파트는 모두 재건축 대상으로 오랜 시간 보유해야 했다. 오랜 시간이 바로 자산을 불리는 핵심이다.

나는 그 사실을 신혼 시절에 깨달았다. 신혼 때 살던 반지하 주택 앞에 구축 주공아파트가 있었는데, 오래돼 낡은 그 아파트의 값이 주변의 다른 구축 아파트보다 비쌌다. 나중에 그 아파트가 재건축되고 집값이 2배 가까이 뛰는 것을 보고 그 이유를 알게 되었다. 그 모습을 보고는 나 역시 지역 재건축 아파트에 눈길을 돌리기 시작했다. 신축 아파트는 너무 비싸서 구매할 자금이 없기도 했다. 나처럼 불편함을 참고 인내하는 데 자신이 있는 사람이라면 재건축아파트 매수를 추천하고 싶다. 인내가 곧 보상으로 돌아오기 때문이다.

마지막 이유는 땅과 집을 신뢰하기 때문이다. 나는 어린 시절부터 집에서 많은 것을 보고 배웠다. 친정아버지는 7형제의 막내였고, 친정어머니는 과수원과 여러 논을 가진 인근 동네 집안의 6남매 중 장녀였다. 아버지와 어머니는 결혼 후 고향에서 농사를 지으

아들아, 부동산 공부해야한다

면서 가정을 꾸리셨는데, 초기에는 농사지을 땅도 없어 가축을 키우면서 살림을 조금씩 불려가셨다고 한다. 돈만 생기면 주위 땅을 사들여서 농토를 키워가셨는데, 나중에는 제법 큰 자산이 되었다. 부모님은 땅에 대한 애착이 대단하다. 지금도 친정에 갈 때면 뒷집에 살던 누가 도시로 이사 가며 내놓은 논밭을 샀다거나 누구네 창고를 샀다는 이야기를 자주 듣는다.

부모님은 그저 땅은 좋은 것이라고 단순하게 생각하시지 않았다. 땅을 맹신하시는 정도에 가까웠다. 나도 부모님의 영향 때문에 땅과 집에 대한 애착이 남다르게 컸다. 나는 서울로 옮겨 와서도 땅이 있으면 좋겠다고 생각하며 살았다. 땅에 대한 이런 애착과 신뢰 때문에 부동산을 그렇게 좋아하는지도 모르겠다.

집을 살아보고
살 수 있는 날이 오길

나는 다가구 반지하에서 시작하여 다가구 1층, 빌라 반지하, 아파트 전세, 아파트 자가까지 두루 경험했다. 모두 더 나은 주거 환경에서 살아가고자 애쓰는 과정에서 겪었다. 집을 사면서 한 가지 배운 게 있다. 집은 '살아보고' 매수하는 게 가장 확실하다는 것이다.

나는 청약에 당첨된 적도 없고, 종잣돈이 적었기 때문에 처음부터 신축 아파트보다는 구축 아파트에 관심을 두었다. 그래서 얻게 된 이점이 바로 살아보고 매수할 수 있었다는 것이다. 처음으로 마련한 구리시의 아파트는 내가 전세로 살던 아파트의 다른 동이었고, 두 번째로 산 구리시의 38평 아파트도 내가 전세 살던 단지의 바로 옆 단지였다. 서울로 이사 와서 마련한 명일동 아파트도 마찬

아들아, 부동산 공부해야한다

가지다. 먼저 전세로 살면서 내가 사는 아파트에 누수나 외풍이 있는지 파악할 수 있었고, 생활권과 주거 환경, 교통이나 지역 호재도 알 수 있었다. 내가 살면서 좋았던 곳은 늦더라도 반드시 집값이 올랐다.

살아보고 매수하는 경우의 이점은 무엇보다 집에 관한 정보가 확실하다는 것이다. 사실 구축 아파트 매매도 단순히 집을 보며 '알아보는' 단계에서는 알 수 없는 일이 많다. 무엇보다 아파트에 하자가 있어도 집값 때문에 쉬쉬하고 넘어가는 일이 많으니, 알아보는 단계에서는 그 아파트에 하자가 있는지 알기 어렵다.

그런 측면에서 안타까운 건 신축 아파트다. 우리나라는 신축 아파트에 선분양 제도를 적용하고 있다. 미리 입주자를 선정하고, 입주자는 계약금과 중도금을 내고 나서 아파트에 입주할 때 잔금을 치른다. 선분양 제도는 건설사 입장에서는 아파트를 짓는 데 필요한 자금을 확보하고, 입주자 입장에서는 입주 시 시세보다 저렴한 비용으로 내 집 마련을 할 수 있다는 것이 이점이다. 오죽하면 아파트 청약은 로또 당첨이라는 소리까지 나온다.

하지만 단점도 적지 않다. 무엇보다 하자가 발생했을 때 해결하기 어렵다는 게 가장 큰 단점으로 손꼽힌다. 대기업의 유명 브랜드 신축 아파트에서도 누수가 발생하고, 벽에 금이 가고, 수평이 맞지 않아 방에서 공이 저절로 굴러가고, 새 가구에 곰팡이가 생기고,

벌레가 나오는 등 하자 사례가 심심치 않게 발생한다. 문제는 고작 며칠에 불과한 사전 점검 기간에 하자를 모두 발견하기도 어렵거니와 하자를 발견해도 보상받기가 어렵다는 것이다. 수도권의 한 아파트는 하자 보수 문제로 입주민들이 2년이나 늦게 입주한 일도 있었다. 가장 압권은 2022년 정초에 발생한 광주 아이파크 붕괴 사고다. 대기업 브랜드 아파트가 젠가 무너지듯 우르르 무너지리라고 누가 상상이나 했을까. 국내에서 손꼽히는 브랜드 아파트가 콘크리트에 다량의 물을 섞고, 양생 기간이나 철근, 자재 등 당연히 지켜야 하는 것들을 지키지 않고 집을 그리 부실하게 만들고 있으리라고 누가 상상이나 했을까. 이런 것은 브랜드, 입지, 학군 등에 관한 정보로는 결코 알 수 없는 일이다.

나만의 생각이지만, 신축 아파트도 하자에 대처할 안전장치가 여러 겹 마련되면 좋겠다. 살아보지도 못한 집, 부실하게 지었는지 안전하게 지었는지 알 수 없는 집에 평생 모은 돈을 쏟고 반평생 갚아야 할 빚까지 내야 한다면 입주자에게 너무나 불리한 일이 아닌가 싶다. 아무 잘못도 없는 피해자가 이제는 나오지 않기를 바란다.

선분양제

선분양제란 건설사에서 주택이 완공되기 전에 주택 수요자에게 분양하고 그들이 납부한 계약금, 중도금을 이용하여 주택을 건설하는 제도다. 우리나라는 주택 공급 촉진을 위해 1984년 11월 28일 「주택공급에 관한 규칙」을 개정해서 선분양제도를 도입했다. 선분양제는 그동안에 주택 부족 현상을 해소하는 데 기여한 장점이 있지만, 아파트 하자 등 부실 시공 문제가 발생할 때 그 피해를 고스란히 주택 수요자가 지게 된다는 문제점을 가지고 있다.

후분양제

후분양제란 건설사의 건축공정률이 일정 수준 이상으로 진행된 후에 주택 수요자가 지어진 집을 직접 확인하고 분양받는 제도다. 후분양제는 주택 수요자가 건설사의 부도 위험으로부터 보호된다는 장점과 건설 공사 비용을 비교적 정확하게 산출할 수 있다는 장점이 있다. 다만 분양가가 상승하는 단점이 있다.

4장

피가 되고
살이 되는

부동산 공부

부동산 공부는
숨 쉬듯 하는 것이다

부동산 재테크는 부동산 공부에서 시작해야 한다. 부동산 공부에는 순서가 있다. 인터넷으로 정보를 찾고, 부동산 중개업소와 현장을 발로 뛰며 살아 있는 정보를 얻고, 그 지역에 끊임없이 관심과 애정을 가지고 살펴봐야 한다.

나 역시 처음에는 인터넷을 통해 정보를 수집한다. 2004년 다음 맘 카페의 한 회원이 올린 구글 지도를 보고 큰 충격을 받은 일이 있다. 그 회원은 지구의 반대편인 유럽은 물론 전 세계 구석구석을 구글 지도로 검색하는 방법을 올렸는데, 그걸 보면서 새로운 세상이 있다는 사실을 알았다. 나도 맘 카페의 젊은 엄마들처럼 검색을 통해 좀 더 다양한 지식을 얻어야겠다는 열망이 생겼다. 그래서 시간 날 때마다 인터넷에서 부동산 정보를 찾아보면서 관련 지식을 쌓았다. 인터넷으로 정보를 미리 찾아보면 매물의 전체적인 그림을 그려볼 수 있어 좋았다. 부동산 임장을 하거나 중개업소를 방문할 때도 사전 정보 없이 가는 것보다 인터넷으로 정보를 찾아보고 방문해야 훨씬 도움이 되었다. 2008년 두 번째 집인 구리시 삼환신일 아파트를 매수할 때도 인터넷으로 기본 정보를 파악했고, 지역 호재나 가격 흐름도 미리 파악했다. 그 결과 동네에서 최고로 손꼽히는 아파트라는 확신을 가지고 거래할 수 있었다. 네이버 부동산에서 관심 있는 아파트를 검색하면 그 아파트의 시세와 최근 실거래가와 가격 흐름을 한눈에 볼 수 있다. 맘 카페에서는 주로 아이들 맡기기 좋은 학교, 엄마들이 선호하는 학군 등 실생활에 유용한 정보를 얻을 수 있다.

요즘은 세상이 더 좋아졌다. 인터넷에 다양한 부동산 정보 섹션들이 있고 부동산 정보를 알려주는 앱도 많다. 네이버 카페 '부동산 스터디'에서는 관심 지역이나 매물에 대한 부동산 고수들의 의견을 얻을 수 있고, 궁금한 점이 있으면 문의하여 신뢰도 높은 답변을 얻을 수도 있다. 스마트폰 앱인 '호갱노노'나 '아실'을 이용하면 실거래가를 한눈에 볼 수 있다. 부동산114는 매물을 가격순으로 정렬해 볼 수 있어서 관심 있는 지역의 대장 아파트와 시세를 파악하기에 좋다.

아들아, 부동산 공부해야한다

나는 인터넷으로 기본 정보를 알아본 다음에는 중개업소를 반드시 거친다. 세상이 좋아져서 인터넷에 없는 정보가 없다지만, 진짜 살아 있는 정보나 도움은 사람에게서 얻을 수 있는 경우가 많다. 나는 결혼하면서 신혼집을 구하기 위해 처음으로 부동산 중개업소를 방문했다. 고덕동에 있는 SDO부동산이다. 부동산 중개인은 40대 중반의 아저씨였는데, 그분은 우리 사정을 헤아려주시고 최선을 다해 저렴한 전셋집을 알아봐주셨다. 그때는 2500만 원으로 구할 수 있는 전세가 거의 없었는데, 그분의 소개로 반지하 전셋집을 겨우 구할 수 있었다. 당시 신랑은 직장 일이 바쁘다며 같이 가지 못하고 나 혼자 중개업소에 방문했다. 나는 부동산에 관해서는 아무것도 모르는 초짜였는데, 그분은 계약서 조항을 하나하나 짚어가며 초보 세입자에게 자세히 설명해주셨다.

반지하 다가구주택에서 2년을 지낸 후 1층으로 이사할 때도 그분 소개로 2500만 원짜리 저렴한 1층 전세 주택을 계약할 수 있었다.

지금 돌이켜보니 25살 아가씨였던 내가 혼자서 부동산 중개업소를 방문해 집을 계약한 일이 참 대견하다. 어떻게 보면 무식하게 용감했던 것 같다. 구리시로 이사 가면서 아파트 전세를 계약할 때도 나 혼자서 했다. 그때는 구리시에서 인연을 맺은 IC부동산 부부 중개인의 도움으로 전세 계약을 했다. 집을 사고 전세를 내는 과정에서도 두 분으로부터 큰 도움을 받았다. 우리 가족이 서울로 이사 가면서 구리시 집의 전세 세입자를 구할 때도 두 분이 도움을 주셨다. 그분들은 구리시의 전셋집을 9년 동안 성심성의껏 관리해주셨다. 새로운 세입자가 이사하는 당일에 내가 방문하지 못하기도 했는데 그분들이 감사하게도 뒷마무리를 해주셨다. 그분들은 인근 아파트에서도 사람 좋은 분들로 소문나 있었다. 세입자와 집주인의 권리와 의무를 명확하게 정리해주시면서, 심지어 집주인이 미처 챙기지 못한 일들마저 기꺼이 대신해주셔서 감사할 따름이다.

강동구 명일동으로 다시 이사하면서는 명일동 SSG부동산 여사장님과 인연이 되었다. 그분과 같이 몇 번의 전세 계약을 했고, 그렇게 서로 간의 신뢰를 쌓았다. 그 인연으로 지금도 내가 궁금한 게 있거나 일이 생기면 도움을 받는다. 이렇게 어떤 사람들과 인연을 맺는가도 큰 공부가 된다.

다음으로 중요한 부동산 공부는 내가 사는 동네에 관심을 갖는 것이다. 부동산 공부는 관심이 90%라고 해도 과언이 아니다.

내가 다시 서울특별시민이 된 2010년으로 돌아가보자. 그때 남편이 대구로 발령이 나서 그곳으로 이사 갔는데 9개월 만에 서울로 다시 발령이 나는 바람에 서울로 되돌아오게 되었다. 구리시에 아파트가 있었지만 이미 전세를 주고 있던 터라 새로 집을 얻어야 했다. 그때 나는 두 곳을 두고 고민했다. 분당과 명일동이었다. 그

때 분당에 사는 지인을 찾아가 부동산 임장을 하면서 "천당 다음으로 분당"이라는 말을 들었다. 내심 분당으로 마음이 기울었지만, 남편 직장이 가깝고 학군도 좋은 데다 그래도 이왕이면 서울이 좋다고 생각해서 최종적으로 명일동으로 결정했다.

신혼 시절에도 인근 고덕동에 살았기 때문에 명일동이 낯설지는 않았다. 게다가 그때 명일동 아파트촌을 지날 때마다 여러모로 좋은 인상을 받았기 때문에 동네에 애정이 있었다. 명일동은 지방과 서울을 잇는 교통이 편리하고, 한영중·고등학교와 배재중·고등학교 등이 있어 학군도 좋고, 시내도 근접한 데다 녹지도 많아서 생활환경이 좋다.

명일동에서 몇 년을 살다 보니 우리 가족의 라이프 스타일에는 이곳이 잘 맞았다. 무엇보다 초·중·고등학교가 많아 아이들 가르치기에 좋았다. 두 아이는 같은 동네에서 같은 학교를 나온 동문이 되었다. 아이들은 지금도 중·고등학교 친구들과 자주 만나는데 밤늦게 귀가해도 안전이 크게 걱정되지 않는 환경인 것도 좋다. 대학교에 가서도 그 친구들과 변치 않고 관계를 이어나가는 걸 보면 이사 오기 참 잘했다는 생각이 든다.

10년 넘게 살다 보니 나도 명일동 주변 지역 정보는 훤히 알게 되었다. 지역 발전 계획이나 지하철 개통 등 여러 호재 덕분이기도 했지만 고덕동의 낡은 아파트들이 새 아파트로 탈바꿈하는 것을 보고 그다음 재건축 후보지인 명일동 아파트들을 매수할 기회를 잡을 수 있었다. 사실 익숙하기 때문에 자기가 사는 지역의 가치를 모르고 넘어가는 사람이 많다. 살고 있어도 그 지역에 관심이 없기 때문이다. 부동산 공부는 관심이 전부다. 관심을 가지고 봐야 부동산의 가치가 보인다. 내가 사는 곳부터 관심을 가지고 둘러보면 숨은 가치가 눈에 보일 것이다.

부동산 임장 전
참고하는 사이트

부동산 임장은 정말 중요하다. 계약할 집의 상태나 아파트의 환경, 입지를 확인하는 자리이기 때문이다. 나는 산책을 겸해 주변 아파트 단지를 자주 돌아보고, 관심 있는 지역은 날을 잡아 주변 지역까지 둘러보는 등 주기적으로 부동산 임장을 하고 있다.

하남은 내가 대표적으로 자주 임장한 지역이다. 2019년 하남은 5호선 하남검단산행 열차가 아직 개통하지 않아서 전체적으로 부동산 가격이 보합세를 이루고 있었다. 나는 덕풍동을 시작으로 신장동, 천현동, 창우동 지역을 걸어서 살펴보았다. 그 지역의 대표 아파트를 방문해 구조, 집 상태 대비 가격적인 메리트나 지역의 호재에 따른 가격 상승 가능성 등을 살펴보았는데, 보통은 오전 10시부터 오후 6시 정도까지 임장을 했다.

2019년 초겨울에는 강동구 강일동 주변 임장을 자주 다녔다. 상일동과 하남 미사 지구의 경계 지역으로, 우리 아이들이 초등학교에 다닐 때 공공 도서관을 이용하러 자주 다닌 곳이다. 보통 주말을 이용해 하남 미사 지구에서 강일동 쪽으로 걸어 올라가면서 공인중개사 사무실에 들러 시세를 파악했다. 2019년에는 9호선 연장 계획이 발표되어 이미 그 지역 시세가 급등하고 있었다. 강일 지구의 25평 아파트와 33평 아파트 두 곳을 임장하면서 이미 시세가 너무 급등해서 매수가 적합하지 않다고 파악했다.

부동산 임장을 거듭하다 보니 임장 전에 반드시 참고하는 사이트들이 생겼다.

먼저 '네이버 부동산'이다. 네이버 부동산은 임장하기 이전에 지역 정보와 시세 흐름을 파악하는 데 가장 유용했다. 네이버에서 관심 물건을 검색하면 바로 네이버 부동산으로 연결되어 해당 물건에 관한 정보가 검색된다. 단지 수와 매물, 최근 거래 금액, 매물 사진 등이다. 상세한 정보가 바로 검색되기 때문에 임장 가기 전에 관심 지역의 물건을 세세하게 살펴볼 수 있었다. 또 지도를 통해 거리나 주변 상권도 바로 눈에 익힐 수 있어 정말 편리했다. 관심 매물을 등록하면 해당 매물이 나올 때마다 알림으로 알려줘서 급매물 등 정보도 바로 파악할 수 있었다.

특히 2019년 하남시 덕풍동, 신장동 일대 아파트를 임장할 때 도움을 받았다. 네이버 부동산을 통해 매물을 알아보고 시세를 파악한 다음 부동산 중개업소에 연락해 해당 아파트를 살펴보았고, 네이버 지도를 통해 지역의 인프라를 비교, 분석한 다음 매매에 참고할 수 있었다. 운전이 서툴기 때문에 네이버 길찾기로 대중교통 루트나 도보 루트를 알아보면서 해당 지역의 교통 편의도 참고할 수 있었다.

호갱노노 역시 임장 전 반드시 체크해야 하는 곳이다. 호갱노노에서는 국토교통부 아파트 실거래가와 시세를 지도로 바로 확인

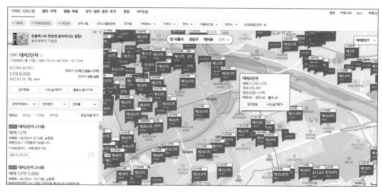

△ 네이버 부동산에서 아파트명을 검색하면 해당 단지의 시세와 단지 정보, 매물, 전세가, 실거래가 정보를 바로 알아볼 수 있다. 출처 = 네이버 부동산.

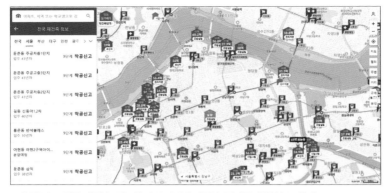

△ 호갱노노. 전국 재건축 정보에서 아파트별 재건축 단계를 확인할 수 있다. 출처 = 호갱노노.

할 수 있다. 나는 호갱노노를 통해 가격이 가장 많이 오른 아파트, 인기 아파트 등의 정보를 꼭 검색해보았다.

호갱노노는 지도 위에 재건축의 진행 사항이 그대로 표기되므로 재건축 아파트를 임장하기 전에 반드시 참고했다. 지도 위 아파트에 '정비구역 지정', '추진위원회', '조합설립', '사업시행', '착공신고'라고 표시되어 있어서 한눈에 재건축 상황을 파악할 수 있다.

나는 호갱노노에서 재건축에 관한 정보를 얻고 강남구 대치2단지 성원아파트 임장을 했다. 나의 경우 손위 형님네가 강남구 미도아파트에 살고 있어서 형님 집에 방문하는 길에 대치2단지 성원아파트를 자주 지났다. 몇 번 보다 보니 관심이 생겼고, 그때 내가 가진 자금으로 강남에 투자할 수 있는 유일한 아파트이기도 해서 임장을 했다. 강남구는 나에게는 로망이 있는 지역이다. 부동산 투

자를 시작한 김에 꼭 한 번은 강남에 투자해보고 싶다. 지금도 마음
은 강남에 있다. 부동산에 관심 있다면 누구나 그럴 것이다. 그러나
투자금이 만만치 않기에 기회를 보고 있다. 언젠가는 강남의 아파
트를 매수하려고 한다.

　　또 강동구의 천호우성의 재건축 단지와 강동구의 리모델링 진
행 대상인 아남아파트도 호갱노노를 참고해 임장을 다녀온 곳이다.

　　또 하나 눈여겨보는 것은 '서울 부동산 정보광장'과 한국주택
금융공사HF의 '주택금융포털 앱'이다. 서울 부동산 정보광장은 대
지 지분을 확인할 수 있어서 재건축 아파트에 투자할 때 참고하는
인터넷 사이트다. 한국주택금융공사의 주택금융포털 앱에서는 이
용자의 소득·부채 정보를 활용해 주택 담보인정비율LTV, 총부채원
리금상환비율DSR, 주택 담보대출 및 전세대출 가능 금액, 주택연금
예상 월 지급금을 조회할 수 있다. 임장 전에 현실적인 자금 계획을
세우는 데 도움이 된다.

17세부터는
청약 통장에 가입해라

부동산 투자의 기본 중 하나는 청약 통장이다. 나는 청약을 꼭 하지 않더라도 청약 통장은 가입하는 게 좋다고 생각한다. 무주택자라면 연말정산 세제 혜택을 받을 수 있는 것은 물론 청약 도전을 통해 시세보다 저렴하게 내 집을 마련할 기회를 얻을 수 있다. 유주택자여도 청약이 불가능한 것은 아니며, 꼭 아파트 청약을 하지 않더라도 시중 이자보다 유리한 이자로 강제 저축하는 효과가 있으니 일석이조다.

청약은 청약 통장 가입 기간(17점), 무주택 기간(32점), 부양가족 수(35점) 등 총 84점을 만점으로 한다. 무주택 기간이나 통장 가

항목	점수
무주택 기간	32점
부양가족 수	35점
청약 통장 가입 기간	17점
총점	84점

△ 청약 총점.

입 기간이 길수록 유리하다 보니 2030보다는 중년층 이상에게 훨씬 유리하다. 실제 2020년 기준으로 수도권 주요 지역의 커트라인 점수는 60점을 훌쩍 넘는다. 주변 시세보다 저렴하게 새 아파트를 마련할 기회이다 보니 매년 경쟁이 치열한 것이다. 그래도 신혼부부 특별공급, 생애 최초 내 집 마련 특별공급 등 취약 계층을 배려한 여러 특별공급이 있기 때문에 2030에게도 집을 마련할 절호의 기회가 될 수 있다.

나는 아이들이 어릴 때 청약 통장을 만들어주었다. 청약에 조금이라도 유리하려면 하루라도 빨리 만드는 게 좋다고 판단했기 때문이다. 실제로 미성년자일 때 인정해주는 청약 기간은 2년이다. 10세에 가입하든 17세에 가입하든 똑같이 2년을 인정해주는 것이다. 그러니 아이가 17세가 되면 청약 통장에 가입하는 게 청약 경쟁에서 조금이라도 유리한 고지를 차지하는 길이다. 최대 인정 금액이 매월 10만 원이어서 나도 아이들에게 매월 10만 원씩을 넣어주었다. 너무 많은 금액을 넣으면 정작 목돈이 필요할 때 청약 통장에 있는 돈이 아쉬울 것 같아서다. 실제로 목돈이 급히 필요한데 청약 통장에 돈이 있다면, 해지하는 것보다는 예금 담보대출을 받는 걸 추천하고 싶다. 요즘 은행의 예금 담보대출은 모바일 앱 등으로 신청하면 당일에 실행되는 경우가 많으니, 애써 유지한 청약 통장을 해지해 기회를 날리지 않기를 바란다.

아이들의 청약 통장을 만들면 좋은 점이 더 있는데, 아이가 조금이라도 더 일찍 내 집 마련에 관심을 갖게 된다는 것이다. 청약 통장이 있으니 한 번이라도 청약홈에 들어가 청약 일정이라도 살피며 부동산에 관심을 갖게 된다. 그래서 나는 꼭 청약에 도전하지 않더라도 아이가 17세가 되면 청약 통장에 가입하게 하는 게 부동산 공부에 도움 되는 길이라고 생각한다.

우리 아이들은 일반적인 청약 통장에 가입했지만, 요즘은 청년 우대형 청약 통장이 있다. 만 19세 이상부터 34세 이하의 연소득 3600만 원 이하 무주택 청년이 대상이다. 가입 가능 기간은 2018년 7월 31일부터 2023년 12월 31일까지로, 해당된다면 무조건 청년 우대형 청약 통장에 가입해놓는 게 좋다. 이자율이 훨씬 높기 때문이다. 가입하고 2년 이상, 10년 이내의 무주택 기간에 대해 기존 주택청약종합저축 연 1.8% 이자에 연 1.5%의 이자를 더해 연 3.3% 이자를 적용해준다. 근래에 적금 이자가 1~2%대인 것을 생각하면

아들아, 부동산 공부해야한다

훨씬 유리한 이자를 받을 수 있으니 이득이다.

청약은 공공 분양과 일반 분양이 있다. 공공 분양은 한국토지주택공사LH, 서울주택도시공사SH, 경기주택도시공사GH 등에서 공급하는 아파트로 공공임대아파트, 행복주택, 장기전세주택 등 여러 중장기 임대 모델이 있다. 이 중 공공임대아파트는 거주 후 분양 전환을 통해 내 집 마련도 가능하다.

일반 분양은 한국부동산원 청약홈에서 진행할 수 있다. 청약홈 사이트와 모바일 앱을 통해 청약 신청과 당첨 조회, 청약 자격 확인 등을 할 수 있으며, 자신의 조건에 맞게 청약 연습도 해볼 수 있다.

청약에 도전하려면 청약홈 모바일 앱, LH 공공분양 앱, SH 앱

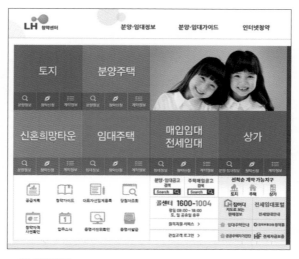

△ LH 청약센터.

△ 한국부동산원 청약홈.

등 관련 앱을 설치하고, 관심 지역의 청약 일정을 미리미리 체크해
야 한다.

청약에는 가점제와 추첨제가 있다. 추첨제는 추첨을 통한 불확
실한 행운을 기대하는 방식이고, 가점제는 청약 점수에 따라 당첨
되는 방식이다. 가점제 방식 위주로는 2030세대가 당첨되기가 너
무 어렵기 때문에 정부는 앞으로 85제곱미터 이하 주택 청약에도
일정 비율의 추첨제를 배정한다고 한다. 이처럼 청약 제도는 정책
기조에 따라 변동이 생길 수 있기 때문에 청약 신청 계획이 있다면
관련 정책도 눈여겨보아야 한다.

청약에서 주의할 점은 막무가내 도전은 지양해야 한다는 것이
다. 예상외로 당첨되었는데 중도 포기하게 된다면 기껏 쌓아온 청

아들아, 부동산 공부해야한다

약 통장 가입 기간 점수가 물거품이 되어버리는 건 물론 재당첨 10년 제한(투기과열지구 기준)이라는 페널티까지 떠안게 된다. 그러니 자신의 자금 사정과 대출 여력 등을 꼼꼼히 따져보고 신중하게 도전해야 한다.

부동산과
대출 제도

아들아, 부동산과 금융은 밀접한 관계가 있다. 네가 전세를 얻거나 집을 산다면 십중팔구는 은행에서 대출을 받아야 할 것이다. 우리나라는 가계 부채가 심각한 상황이라 지난해 하반기에는 은행에서 잇따라 가계 대출 상품의 진입 장벽을 높이고 심지어는 일부 상품 판매를 중단하기도 했다. 금융 당국이 가계 대출 총량을 강하게 규제하겠다는 의지를 보인 가운데 전년 대비 대출 잔액 증가율이 정부가 제시한 목표치에 상당히 가까워졌기 때문이다. 은행의 '대출 조이기'는 연말까지 지속됐다.

보통 부동산 시장은 단기적으로 금융 시스템, 중기적으로 주택

의 수요와 공급, 장기적으로는 경제·사회 구조의 영향을 받게 되어
있다. 그래서 대출 규제라는 금융 규제는 단기적으로 실수요자들에
게 큰 피해를 주었다.

너도 부동산을 공부하려면 금융권의 움직임을 면밀히 살펴야
한다. 대출받을 수 있는 액수, 대출 시 내야 하는 이자, 심지어 대출
을 받을 수 있는지 없는지의 유무가 모두 금융권의 정책과 대출 제
도에 의해 결정되기 때문이다.

보통 대출의 종류는 신용대출과 담보대출, 그리고 보증사 대출
이 있다.

신용대출이란 부동산 등의 담보를 사용하지 않고 개인의 신용
만으로 금융회사에서 대출받는 것을 말한다. 우리나라의 가계 신용
대출은 무조건 소득을 기준으로 한다고 보면 된다. 소득이 없으면
신용도 없고, 신용대출도 없다. 그래서 대출을 위해선 소득이 중요
하다.

담보대출이란 부동산을 물적 담보로 돈을 융통하는 금융거래
를 말한다. 우리나라에서는 부동산이 가장 큰 담보물이다. 가정에
서 주로 이용하는 담보대출은 대부분 집을 담보로 설정하는 부동산
담보대출이라고 보면 된다.

보증사 대출은 대표적으로 전세대출을 떠올리면 된다. 전세 보
증금을 담보로 한 대출로서, 세입자가 주택도시보증공사HUG 등으

로부터 전세 계약에 대한 보증서를 발급받아 은행에서 돈을 빌리는 것이다.

은행에서 대출받는 방식은 보통 이 세 가지다. 정리하면, 소득이라는 신용으로 돈을 빌리는 것은 신용대출, 집을 담보로 돈을 빌리는 것은 담보대출, 보증사가 보증해서 돈을 빌리는 것이 보증사 대출이다.

다음으로 말하고 싶은 것은 대출 한도다. 네가 집을 살 때 받을 수 있는 대출액을 살펴보자. 네가 5억 원인 A아파트를 사려고 하는데 가진 돈이 3억 원뿐이라서 은행에서 2억 원을 빌린다고 가정해보자. 은행에 찾아가면 은행 대출 창구 직원은 네가 대출이 가능한지 여부를 먼저 살펴볼 것이다. 그때 따지는 대출 조건은 세 가지다. LTV, DTI, DSR이다.

먼저 LTVLoan To Value Ratio는 주택의 담보 가치에 따른 대출금의 비율, 즉 주택 담보대출 비율을 뜻한다. 집의 시가가 얼마이니 그 가격의 몇 %까지 돈을 빌려주겠다는 것이다. 만약 주택 담보대출 비율이 40%고, 5억 원짜리 주택을 담보로 돈을 빌리고자 한다면 빌릴 수 있는 최대 금액은 2억 원(5억×0.4)이 된다.

DTIDebt To Income는 금융 부채 상환 능력을 소득으로 따져서 대출 한도를 정하는 계산 비율을 말한다. 보통은 대출 상환액이 소득의 일정 비율을 넘지 않도록 제한하기 위해 실시한다. 네 연봉이

아들아, 부동산 공부해야한다

5000만 원이고 DTI가 60%라면, 네 대출 상환금액이 연간 3000만 원(5000만×0.6)을 넘지 않도록 관리한다는 의미다.

셋째는 DSRDebt Service Ratio이다. 총부채 상환 비율, 즉 총소득에서 부채의 연간 원리금 상환액이 차지하는 비율을 말한다. 보통 금융기관들은 대출 금액을 산정할 때 대출자의 상환 능력을 검증하기 위해 개인신용 평가 시스템을 활용한다. 개인신용 평가에 따라 부채 총액을 관리한다는 개념이다. 예를 들어 연간 소득이 5000만 원이고 DTI를 40%로 설정한다면, 총부채의 연간 원리금 상환액이 2000만 원(5000만×0.4)을 넘지 않도록 대출 규모를 제한하는 것이다. 총부채에는 네가 받은 모든 대출(주택 담보대출, 신용대출, 카드론 등)이 포함된다.

만약 정부에서 LTV, DTI, DSR의 비율을 낮춘다면 네가 은행에서 받을 수 있는 대출액이 줄어든다. 그만큼 많은 현금을 쥐고 있어야 집을 살 수 있다는 의미다.

다음은 대출금리가 어떻게 결정되는지 살펴보자. 은행은 예금으로 자금을 모으고, 대출자에게 더 비싼 이자를 받고 돈을 빌려줘 돈을 번다. 은행은 대출 원가 금리에 은행 마진을 보태고, 대출자 신용도에 따라 일정률의 가산 금리를 더해 대출금리를 결정한다.

그다음에는 고정금리로 할 것인가, 아니면 변동금리로 할 것인가를 정해야 한다. 고정금리는 대출 기간 동안 금리가 고정되는 것이고, 변동금리는 대출 기간 동안 금리가 변동된다. 고정과 변동은 금리가 앞으로 오를 것인지 내릴 것인지 판단해서 결정하면 된다. 기준 금리가 오를 것으로 예상되면 고정금리로 가는 게 유리하고, 기준 금리가 내려갈 것으로 예상되면 변동금리로 가는 게 유리하다.

부동산 투자를 하려면 은행을 현명하게 이용할 줄 알아야 한다. 살면서 너도 몇 번쯤 은행에 가서 돈을 빌릴 일이 생길 것이다. 이왕이면 잘 빌리고 현명하게 갚길 바란다.

늘 사랑한다.

감당할 수 있는 빚은
자산의 30% 규모다

부동산 투자는 큰돈이 필요하기 때문에 어떻게 자금을 마련해야 하는지, 빚 관리를 어떻게 해야 하는지 자기만의 원칙을 세우고 잘 준비해야 한다. 나는 친정아버지의 성향을 물려받아 그런지 안정적인 투자를 하는 경향이 있다. 농부인 친정아버지는 빚지는 걸 싫어하시고 안정적인 땅 투자를 최고로 여기며 살아오셨다.

몇 년 전부터 레버리지 전략이니 갭 투자니 해서 자기 자본을 최소한만 들이고 부동산 투자를 하는 방법이 큰 붐을 이루었다. 그러다가 세입자에게 전세금, 보증금을 주지 못하고 줄줄이 집이 경매에 넘어가는 사람들이 생겨 뉴스에 종종 나오곤 한다. 나는 보수적이어서 그런지 빚이나 전세금만으로 투자하는 방식은 엄두를 못 낸다. 금리가 조금이라도 오르거나 자칫 집값이 떨어지기라도 하면 감당할 수 없는 위기 상황이 닥칠 수도 있기 때문이다. 나는 내 아이들도 무리한 투자보다는 자신이 책임질 수 있는 투자를 하길 바란다.

나에게는 두 가지 대출 원칙이 있다.

첫째는 대출이 전체 투자금의 30%를 넘지 않도록 하는 것이다. 나는 부채 비율은 가계의 자산 비율과 대비해서 30% 이하로 관리하는 것이 적당하다고 생각한다. 총자산이 10억 원이라면 순 자산 7억 원, 부채는 3억 원인 식이다. 우리 집 부채도 그렇게 관리하고 있다. 현재 50억 원의 자산에서 부채는 12억 원이 조금 못 된다. 순 자산 비율은 76%이다.

둘째는 최대한 빨리 대출금을 갚는 것이다. 나는 대출 만기와 상관없이 돈만 생기면 바로 은행으로 달려가 대출금을 갚았다. 은행원인 막내 남동생은 누나처럼 중도 상환 수수료를 내며 일찍 상환하는 사람은 자기 객장에 한두 명뿐이라고 말해주었다. 2007년 두 번째 집을 살 때 집값 4억 5000만 원 중 1억 3000만 원을 연 4% 대 금리로 대출받아 마련했는데, 그 빚도 역시 2009년에 중도 상환 수수료를 내고 갚아버렸다. 대출을 빨리 갚는 능력은 이후 부동산 투자를 하는 데 큰 도움이 되었다. 빚을 쌓아놓지 않고 큰돈을 바로 갚다 보니 다음 집을 살 때 다시 부담 없이 대출을 이용할 수 있었다.

아들아, 부동산 공부해야한다

집을 살 때 알아야 할
절세 이야기

2018년 3월 말의 일이었다. 직장에서 일하고 있는데 남편이 급하게 전화를 했다. "오늘까지 임대 사업자 등록 기간이라고 하는데 알고 있었어?" 하며 남편이 물었다. 사실 그때는 주택 임대 사업자라는 제도를 정확히 모르고 있었다. 그저 국토교통부 장관이 임대 사업자를 권유하니 가입하면 좋겠구나 하는 막연한 생각만 하던 터였다.

그날은 3월 30일이었는데, 남편이 급히 주택 임대 사업자로 접수했다. 그때는 2주택자였고 한 곳은 우리 가족이 거주하고 있었기 때문에 다른 주택 하나에 관해서만 민간 임대 사업자(8년)로 등록하고 사업자 신고를 했다. 2018년 9월 13일 이전에 취득한 주택은 임대 사업자로 등록하면 종합부동산 주택 수에서 합산 배제가 되었다. 이후 주택이 3채가 되면서 거주 아파트에 관해서도 준공공 주택 임대 사업자(8년)를 등록했다.

주택 임대 사업자란?

주택을 매수하여 임대 목적으로 제공하는 임대 사업자로, 「민간임대주택에 관한 특별법」 제5조에 따라 주택을 임대주택으로 등록한 사업자를 말한다. 정부는 임대 시장의 안정화를 위해서 주택 임대 사업자로 등록할 경우 다양한 세제 혜택을 제공한다. 조정 대상 지역 안의 다주택자에 대한 중과 배제, 장기 보유 특별 공제 특례(70%) 적용, 양도소득세 100% 감면 등이다. 또 부동산을 취득한 경우 60일 안에 취득세를 납부해야 하는데, 주택 임대 사업자로 등록한 경우 취득세를 감면받을 수 있다. 재산세 감면은 물론, 종합부동산세는 합산 배제를 적용받을 수 있다.

주택 임대 사업자로 등록하면 부담이 가중되는 점도 있다. 대표적인 것이 의무 임대 기간의 준수, 의무 임대 기간 동안의 위반 행위에 대한 과태료 부과, 주택 임대 소득에 대한 종합소득세와 건강보험료의 추가 부담 등이다. 주택 임대 사업자는 임대주택 등록 유형에 따라 단기 4년 장기 8년의 의무 임대 기간을 준수(2020년 8월 18일 이후 4년 단기 임대는 폐지되었고, 장기 임대 기간은 10년으로 조정되었다. 또한 아파트가

장기 임대 대상에서 제외되었다)해야 하는데, 의무 임대 기간 때문에 매도 시기를 자유롭게 결정할 수 없다는 맹점도 있다. 또 임대료를 올리고자 하는 경우 종전 계약 금액 대비 5%의 범위에서만 증액을 청구할 수 있다. 다만 최초 임대료(주택 임대 사업자가 임대 사업자로 등록한 뒤 새로 계약을 체결하거나 기존 계약을 갱신할 때의 임대료)에 한해 자유롭게 임대료를 정할 수 있도록 예외를 허용하고 있어 집주인 입장에서는 임대 개시 이후에 주택 임대 사업자로 등록하는 것이 유리하다.

2019년 1월 1일부터는, 2018년 12월 31일까지 비과세되던 2000만 원 이하의 주택 임대 소득에 대해 세금을 납부해야 한다. 주택 임대 사업자는 매년 5월 31일(성실 신고 대상자는 6월 30일)까지 주택 임대 소득에 대해 주소지 관할 세무서에 소득세 신고를 해야 하며, 이로 인해 종합소득세의 추가 부담이 발생하게 된다. 민간 임대주택과 임대 사업자에 관한 더 자세한 내용은 렌트홈(www.renthome.go.kr)에서 참조할 수 있다.

| TIP | 임대등록주택 제도 개편 |

주택 구분		신규 등록 가능 여부	
		매입임대	건설임대
단기 임대	단기(4년)	폐지	폐지
장기 임대	장기일반(8→10년)	허용(아파트는 불가)	허용
	공공지원(8→10년)	허용	허용

△ 개편된 임대등록주택 제도. 출처 = 국세청·행정안전부, 「2022 주택과 세금」.

이후 많은 부동산 규제 정책들이 나왔고 2020년 7월 11일 아파트는 주택 임대 사업자 등록을 못 하도록 하는 규제가 나왔다. 우리 집은 다행히 규제 전에 임대 사업자 등록을 모두 마무리했다.

주택 임대 사업자 등록을 하더라도 모든 주택이 혜택을 받으려면 몇 가지 조건이 필요하다. 내가 등록할 당시에는 전용면적이 85제곱미터 이하로 수도권은 공시지가 6억 원, 수도권 이외 지역은 3억 원 이하여야 하고, 단기 임대주택은 5년, 준공공 임대주택 등록은 8년 이상 보유해야 했다.

이처럼 조건이 까다롭지만 우리 집은 임대 사업자 등록으로 꽤 많은 절세 혜택을 받았다. 2주택은 주택 임대 사업자 등록하여 재산세 중 기본 세율 50%를 경감받았고, 늦게 등록한 1주택은 2017년에 구입하여 2018년 9월 13일 이전에 취득한 주택이어서 종합부동산 합산 배제 혜택을 받았다. 나머지 1주택은 공시지가 6억 원을 넘지 않아 종합부동산세를 내지 않았다.

부동산 규제로 인해 다주택자의 세금 부담이 가중되고 있다. 앞으로는 절세가 더욱 힘들어질 것이다. 우리 가족도 2주택의 재산세의 기본 세율은 50% 감면을 받고 있지만 나머지 1채의 공시지가가 상승하여 종합부동산세를 납부하게 될 듯하다.

나는 부동산 규제를 자세히 알지는 못했다. 부동산 정책이 워낙 자주 바뀌다 보니 생각만 해도 머리가 복잡했다. 아무리 귀찮고

분류	국세	지방세제	
		지방세	관련 부가세
취득	인지세(계약서 작성 시)	취득세	농어촌특별세(국세), 지방교육세
	상속세(상속받은 경우)		
	증여세(증여받은 경우)		
보유	종합부동산세(일정 기준 금액 초과 시), 농어촌특별세(종합부동산세 관련 부가세)	재산세	지방교육세, 지역자원시설세
처분	양도소득세	지방소득세(소득분)	

△ **부동산의 취득, 보유, 처분에 따른 세금.** 출처 = 국세청, 「2020 부동산과 세금」.

주택 수	주택 가격	
1주택	6억 이하	1%
	6억~9억	1.01~2.99%
	9억 초과	3%
2주택	금액 불문	8%
3주택	금액 불문	12%

△ **부동산 취득세율.** 조정 대상 지역 기준.

자주 바뀐다 하더라도 부동산 정책에는 늘 촉각을 곤두세우고 있어야 한다는 걸 여러 절세 혜택을 받으면서 알았다. 집값은 금액이 크기 때문에 거기에 따라오는 세금도 결코 액수가 적지 않다. 그러니 부동산 투자를 한다면 반드시 세금 문제를 민감하게 따져봐야 한다.

나 역시 나에게 해당되는 규제에 관해 여러 부동산 중개업소에 물어보고, 은행에도 물어보고, 그들이 모르면 세무사를 찾아가는 등 묻고 또 물어서 대응 전략을 찾아냈다. 끝까지 하나를 물고 늘어지면 해답은 있었다.

부동산 세율은 자주 바뀌기도 하고 지역이나 집값에 따라 달라지기 때문에 그 변화를 면밀하게 살펴봐야 한다. 국세법령정보시스템에서『부동산과 세금』책자 PDF 등을 제공하는데 연 1회 정도라도 살펴보면 큰 도움이 된다.

인구구조가
경제와 부동산에 미치는 영향

아들아, 미래의 인구구조를 알면 앞으로의 부동산 시장을 예측할 수 있다. 우리나라의 인구구조는 어떻게 변하고 있고, 또 앞으로의 부동산 시장은 어떻게 변해갈까?

현재 대한민국은 세계 최저 출산율 국가다. 2020년 대한민국의 합계출산율은 0.837이다. 전 세계 국가 중 합계출산율이 1명 이하인 국가는 대한민국뿐이다. 2020년 태어난 아기 숫자는 27만 2337명이다. 한 해에 태어나는 아기의 수가 30만 명 선마저 무너졌다. 참고로 아버지가 태어난 1960년대는 100만 명이 넘었다. 2020년에 태어난 아이가 사회의 주도 세력이 되는 2060년을 산술적으로 계산하면 전체 인구가 5200만 명에서 4400만 명까지 줄어들고, 생산 가능 인구가 절반으로 떨어진다는 계산이 나온다. 인구 절벽의 시대가 시작되었다.

한편 우리나라는 세계 최고 속도로 고령화되고 있다. 1958년부터 1973년까지 15년간 한 해 출생아 숫자는 100만 명이었다. 그 1500만 명이 15년 후인 2035년에 65세 이상의 고령자가 된다. 그러면 고령자 비율은 40%에 가까워진다. 우리 주변에서 만나는 10명 중 4명이 65세 이상의 고령자가 된다는 말이다. 고령자의 증가는 곧 사회복지 비용의 증가를 의미한다. 현재 고령화 속도라면 2025년 국내총생산GDP 대비 세금과 사회보장 부담금의 비율이 44%까지 치솟는다고 한다. 대한민국의 고령화는 미래 세대에게 경제적 짐이 된다.

또한 급속한 도시 집중으로 인해 지방이 소멸하고 있다. 저출산과 도시로 인구가 유출되는 현상 때문에 대부분의 지방이 인구소멸 지역으로 지정되는 지경이다. 심지어 부산과 대구의 5개 구도 소멸 지역으로 지정될 정도로 수도권 인구 집중화가 심각한 수준이다. 보통 지방의 인구 감소 지수는 인구밀도, 청년 순 이동률, 고령화 비율, 조출생률 등 8개 지표로 따지는데, 현재 지방 대부분은 이 지표들이 우려되는 수준이다. 특히 젊은 인구가 지방에서 도시로 빠져나가면서 지방의 평균연령이 급격하게 높아지는 현상이 나타난다.

마지막으로 1~2인의 소가구 분화 속도가 세계 최고 수준이다. 현재 1인 가구는 664만 3354가구로 전체의 31.7%를 차지한다. 이런 현상은 사회·경제적 구조를 뒤바꾼다. 대한민국의 주된 가구 유형은 2005년 이전에는 4인 가구, 2010년에는 2인 가구, 2015년 이후에는 1인 가구 중심으로 변화해왔다. 2021년 현재 나 혼자 사는 1인 가구가 주된 유형이 되었다. 사회·경제적 구조는 4인 가족 중심으로 짜여 있는데 이것이 급격히 1인 가구 중심으로 변화하고 있다. 예를 들면 가전제품은 오랫동안 4인 기준 제품이 통용되었지만 이제는 1인 가구 중심으로 소형화되고 있다.

미래의 인구구조가 이렇게 변한다면 과연 부동산과 경제에 어떤 변화가 생길까?

4인 가족 중심으로 구조화되어 방 3개에 거실과 주방으로 구성된 아파트는 1인 가구에 맞게 거실 중심으로 변화해갈 것이다.

또 급속한 고령화는 사회복지 비용의 증가와 노인 빈곤 문제로 이어진다. 생산 인구는 감소하는데 노인 인구가 많아지면 사회는 활력을 잃고, 비용 증가로 경제는 위축된다. 생산이 위축되고 경제가 침체되면 부동산 자산 시장 역시 하락할 수 있다.

또 도시로 인구가 집중되면 지방 부동산 시장이 위축될 가능성이 높다. 현재도 수도권의 인구 집중과 지방 소멸은 심각한 문제다. 현재 흐름으로 진행된다면, 지역의 불균형은 우리 경제에 악영향을 끼칠 것이다. 부동산 투자 관점에선 지방에 투자하는 것은 신중하게 고려해야 한다.

마지막으로 1인 가구로의 분화는 개인화된 제품의 수요가 증가하는 방향으로 흘러갈 것이다. 정보통신기술ICT에 기반하여 개인을 연결하는 산업이 활성화될 것이다. 부동산 시장에선 가구 분화가 긍정적인 영향을 미칠 것이다. 주택은 가구 수 단위로 움직이기 때문이다. 출산율 저하와 고령화가 부동산 시장을 위축시키는 요인이라면, 가구의 분화는 부동산 시장이 성장할 수 있는 단초가 된다. 또한 인구의 도시 집중에서도 부동산 시장에서 취할 전략에 관한 시사점을 얻을 수 있다.

아버지는 10년 후에 65세의 고령자가 되고, 너는 10년 후에 30대로 이 사회의 주력 세대가 된다. 10년 후에도 출산율은 높지 않을 것이다. 5200만의 현재 인구가 5000만 아래로 감소할 수도 있다. 고령자의 수명이 연장되어 5000만이 유지된다고 하더라도 좋을 것이 없다. 사회복지 비용이 증가해서 경제 상황은 악화될 것이 분명하기 때문이다. 2030년에는 65세 이상의 고령자가 총인구의 25%가 된다. 아마 이 아버지도 그중 한 사람으로 포함되겠지. 이 말을 하고 나니 아버지 마음이 심란하다. 그때는 아마도 수도권 인구 집중은 더 심화되어 있을 것이다. 지금도 총인구의 절반이 수도권에 몰려 있는데, 그때가 되면 더 많은 인구가 몰려 있을 것이다.

1인 가구가 40% 수준에 육박하면서, 만나는 사람이 1인 가구일 확률이 지금보다 높아질 것이다.

공무원이셨던 너희 할아버지는 공무원 연금과 자식인 우리 형제의 부양 덕분에 돌아가실 때까지 특별한 어려움 없이 경제생활을 하셨다. 하지만 아버지는 국민연금과 너희들의 부양을 기대할 수가 없다. 왜냐하면 2030년에는 인구구조의 변화 때문에 젊은 세대들이 이 사회에 안착할 수 있는 경제적 기반이 흔들릴 수 있기 때문이다. 너희 먹고살기도 바쁜데 이 아버지를 부양하는 일까지 감당할 여력은 없을 것이다. 인구구조의 변화가 경제와 자산 시장에 미치는 영향을 공부하라고 하는 이유가 바로 여기에 있다. 인구 감소의 시대는 이미 예견된 일이다.

"만약 내가 향후 몇 년 동안 아무런 통신수단도 없는 외딴섬에서 살아야 하는 상황에서 단 한 가지 정보만 얻을 수 있다면, 인구구성 변화에 대한 정보를 선택할 것이다."

대규모 채권 투자회사 핌코의 최고 투자 책임자 빌 그로스가 한 말이다.
채권시장 사람들은 미래의 리스크를 분석하는 데 도가 튼 사람들이다. 그중에서도 최고인 사람이 미래 리스크를 분석하는 데 인구통계학적 자료를 참고한다고 한다. 경제와 부동산 시장의 미래를 엿볼 수 있는 현미경이자 망원경은 바로 인구구성의 변화다. 아들아, 너는 도시공학을 전공하니 부동산 공부 차원이 아니더라도 인구구조의 변화에 대해 따로 공부해라. 분명히 너에게 피가 되고 살이 되는 통찰을 줄 것이다.

　　사랑한다, 아들아.

아들아, 부동산 공부해야한다

통화정책은
온도 관리 시스템과 비슷하다

아들아, 부동산 공부하려면 기본적인 통화정책을 알아야 한다.

경제의 흐름을 체감온도에 비유하면 이해하기 쉬울 것이다. 먼저 체감온도를 설정하는 방법을 생각해보자. 경제의 체감온도를 설정하는 방법은 대형 건물의 실내 온도를 관리하는 방법과 비슷하다. 보통 대형 건물은 실내 온도를 설정하는 방법이 간단하다.

바로 기준 온도에 근거를 두고 관리한다. 보통 기준 온도는 섭씨 15~25도다. 실내 온도가 25도보다 높으면 냉방을 하고, 15도보다 낮으면 난방을 한다. 실내 온도 기준은 아래로 15도, 위로 25도다. 상한과 하한을 관리하기 위해서 실내 곳곳에 온도계를 설치해서 냉난방 시스템이 제대로 작동하는지 체크한다.

통화정책은 대형 건물의 실내 온도 관리 방법과 비슷하다. 경제의 실내 온도가 적정하게 유지되도록 설정하는 시스템이라고 보면 된다. 보통 통화정책에서는 '금리'가 온도값의 역할을 한다. 경제 상황에 따라서 다를 수 있지만 기준 금리에 적정 온도값이 있다. 요즘엔 '2~5%' 기준 금리를 적정 기준 금리 설정값으로 보고 있다. 2% 이하는 저금리고, 5% 이상은 고금리다.

중앙은행이 기준 금리 2% 아래로 통화정책을 실시하고 있으면, 경기가 불황이라 난방을 하고 있다고 보면 된다. 반대로 기준 금리가 5%를 넘으면, 경기가 호황이라 냉방을 하고 있다고 보면 된다. 지금처럼 기준 금리가 0.5%라면, 경제가 불황이라 금리를 내려서 열심히 온기를 불어넣고 있는 것이다. 그렇게 금리를 내려서 열심히 온기를 불어넣으면 시중에 유동성 자금이 넘쳐나기 시작하며 경기에 활력이 돈다.

금리를 낮추면 나타나는 현상은 다음 네 가지다. 첫째, 주식시장에 자금이 유입되어 주식시장이 활성화된다. 둘째, 기업의 생산성이 높아지고 수출이 늘어 실물경제가 살아난다. 셋째, 현금 유동성 때문에 집값 등 자산 가격이 오른다. 넷째, 드디어 농축수산물과 석유화학제품 등의 '소비자물가'가 상승한다. 마지막으로 본원 물가까지 상승하면 경제의 실내 온도가 충분히 따뜻해졌다고 한다. 그때부터 중앙은행은 경제의 실내 온도가 높아져서 굳이 저금리로 난방을 할 필요가 없다고 판단한다. 그럼 기준 금리를 서서히 높이려는 자세를 취한다.

물가는 물건의 값을 의미한다. 물건값 상승의 기준점은 2%다. 물가 상승률이 2%를 넘으면 금리에 영향을 미친다. 2021년 5월 물가 상승률이 2.6%를 기록하면서, 한국은행은 물가 상승률을 감안해서 기준 금리를 올리려고 하고 있다. 금리는 보통 2~5% 사이에서 유지되어야 한다. 물가 상승률보다는 금리가 높아야 한다. 그래야 실질적인 화폐가치가 유지되어서 자본주의 금융 시스템이 정상적으로 작동한다. 물가가 2% 이상 오르면 실내 온도가 과열되어 있다는 의미다. 이때는 금리를 올려서 실내 온도를 낮추는 역할을 한다.

금융 시스템도 적정한 금리가 유지되도록 관리해야 한다. 불황으로 경기가 침체하면 금리를 내려서 경제의 실내 온도를 높여야 한다. 반대로 호황으로 경기가 뜨거우면 금리를 높여서 경제 실내 온도를 내려주어야 한다. 이렇게 통화정책을 시행해서 경제의 체감온도를 관리해야 한다. 즉, 실물경제의 흐름인 물가 상승률을 기반으로 금리를 조정해서 경제 실내 온도를 관리해나간다. 금리가 2~5% 사이에서 적정하게 유지될 때 경제 실내 온도가 적정하게 유지된다고 볼 수 있다.

건물의 실내 온도를 관리하려면 습도 관리도 중요하다. 습도가 높으면 저온일 때는 체감 추위가 더 높고, 고온일 때는 체감 더위가 더 높기 때문이다. 경제도 마찬가지다. 물가 상승률이 높을 때 저금리에 대한 체감 불황이 크고, 고금리일 때 물가 상승률에 대한 부담이 가중되어 급격한 호황 거품이 쌓이는 것과 같은 현상이 일어난다. 이렇듯 물건의 값이 어떻게 움직이는지가 금리에 영향을 미치고, 경제의 온도에 영향을 미친다.

물가 상승률은 실물경제 시스템의 습도계 역할을 한다고 볼 수도 있다. 우리는 경제의 적정 온도와 습도의 기준을 알고 있어야 한다. 그래야 경제라는 숲이 바람에 어떻게 작동하는지를 알게 된다.

'외식하자니 냉면 1만 7000원(최고가), 집밥 먹자니 시금치 4300원 (200g)'

2021년 8월 2일 자 《중앙일보》에 '밥상 물가 비상'이라는 기사가 실렸다. 외식물가지수가 6월 113.47로 1월(110.82) 대비 +2.65가 올랐다는 기사였다. 소비자물가가 오르면 인플레이션이 시작된다. 인플레이션이 시작되었다는 것은 경기 호황을 뜻한다. 경기가 호황이면 중앙은행은 시중의 현금 유동성을 줄이기 위해 기준 금리를 올린다. 현금 유동성이 떨어지면 화폐가치가 상승한다. 화폐가치가 상승하면 상대적으로 부동산, 금 등의 자산 가치는 하락한다.

아들아, 부동산 공부해야한다

아들아, 현재의 흐름이 순항인 경우도 있고, 어느 순간에는 반대인 경우도 있을 것이다. 그 상황에 맞추어 순환 흐름에 올라타야 한다.

물건이 팔리지 않아서 상품 공급이 차고 넘치면 상품 재고가 쌓인다. 상품 재고가 쌓이기 시작하면 경기 불황이다. 경기가 불황이면 중앙은행은 시중의 현금 유동성을 높이기 위해 기준 금리를 내린다. 금리가 내려가면 서서히 시중에 현금 유동성이 커지기 시작한다. 현금 유동성이 커지면 화폐가치가 하락한다. 화폐가치의 하락은 상대적으로 부동산, 금 등의 자산 가치 상승을 부른다.

숲의 흔들림을 통해서 현재 경제 상태가 어느 지점에 있는지를 알아낼 수 있다. 경기가 호황인지 불황인지를 알고 있어야 이에 대비하는 금융정책이 어떻게 진행될지 알 수가 있다. 그럼 경기 흐름에 개인이 대비할 수 있게 된다.

영화 〈관상〉에 이런 말이 나온다.

난 사람의 관상만 보았지, 시대를 보진 못했소.
시시각각 변하는 파도만 본 것이지.
파도를 만드는 것은 바람인데 말이요.

나무를 보는 것도 중요하지만 숲을 흔드는 바람을 읽어내는 것
도 그에 못지않게 중요하다. 개인의 삶의 흐름을 보는 것도 중요하
지만 경제 흐름도 보아야 한다.

　　바람을 보아야 파도를 읽을 수 있다.

　　　　　　　　　　　　　　　　　　아들아, 부동산 공부해야한다

불황과 호황의 징조를
읽어내는 방법

"오동잎 한 잎 두 잎 떨어지는 가을밤에~"

1975년에 가수 최헌이 부른 '오동잎'이라는 노래의 첫 구절이다. 아들아, 아버지가 초등학생 때 유행하던 대중가요다.

아들아, 자연과 더불어 살아가는 사람들은 자연의 흐름을 사소한 징조로 알 수 있다. 그래서 시골에서 자란 사람은 자연의 흐름을 잘 안다. 가을이 오기 직전에 제일 먼저 떨어지는 나뭇잎이 오동잎이다. 오동잎은 잎의 크기가 넓고 나무줄기와 잎자루의 결착이 약하기 때문에 쉽게 떨어진다. 그래서 어른들은 오동잎이 떨어지는 것을 보면 가을이 성큼 다가왔음을 알았다. 자연과 밀접하게 살아온 어른들은 계절의 순환을 나뭇잎을 통해서 알았다.

계절의 순환을 나뭇잎으로 아는 것처럼 경제의 순환도 사소한 신호로 포착하는 사람들이 있다. 그런 사람은 현장 경제 전문가다. 오동나무의 나뭇잎이 떨어지는 것을 보고 가을을 바로 아는 것처럼, 사소한 징후를 보면서 순환의 전체 맥락을 이해하는 사람들이다.

내가 만났던 현장 경제 전문가 한 분도 그중 하나였다. 그분은 백화점 상품권으로 경제 순환의 흐름을 알았다. 그분에게는 백화점 상품권이 오동잎이었다. 그분이 활동하던 당시 백화점의 중심은 명동이었다. 그래서 명동 옆 남대문시장에는 백화점 상품권 깡 시장이 있었다. 그분은 주기적으로 깡 시장에 나갔다고 한다. 깡 시장의 흐름을 살펴서 경제 순환의 흐름을 읽어냈다는 것이다. 상품권 판매 가게의 문 앞엔 그날의 백화점 깡 수수료가 적혀 있었다.

"상품권 삽니다. 롯데백화점 상품권 5%, 신세계백화점 6%"

어느 날 갔더니 상품권 깡 할인이 6~7%로 상승하기 시작한다. 그러면 불황이 오겠구나 하고 예측한다고 한다. 할인율이 높아졌다는 말은 상품권을 팔려는 사람들이 많아졌다는 말이고, 더 낮은 가격에라도 상품권을 팔려는 사람이 늘었다는 말은 사람들 주머니에 돈이 없다는 말이기 때문이다. 그러면 불황이 시작하는 징후인 거라고 했다. 실물경제가 불황이라는 징후가 바로 상품권 시장의 할인율에 상응한다는 거다.

그분은 이 징후가 나타나고 한 달이 지나가면 서서히 중앙은행인 한국은행에서 금리 인하 이야기가 나온다고 말했다. 그래서 그

아들아, 부동산 공부해야한다

분은 다른 사람들보다 한 발짝 빠르게 불황에 대비하곤 했다고 한다. 미리 현금을 확보해 자산 가치 하락에 대비했다는 것이다. 그분은 상품권 깡 시장만으로 긴가민가할 때는 다른 시장을 더 확인했다고 한다. 바로 상품 암시장이다. 흔히 상품 암시장은 블랙마켓이라고 부른다. 경제 흐름 정보는 정상 시장보다 음성 시장에서 반 발짝 먼저 알 수 있다고 한다. 블랙마켓에 상품이 밀려들기 시작하면 상품 공급은 많은데 수요가 없다는 뜻이므로 이것도 불황의 징후라는 것이다.

그분은 상품 암시장마저 이런 징후가 나타나면 그때는 바로 불황에 철저히 대비했다고 한다. 그래서 불황으로 인한 손해를 크게 입은 적이 없었다는 것이다. 그분처럼 현장의 징후를 통해 향후 흐름을 읽어내는 사람을 현장 전문가라고 한다.

그분의 방식보다 더 드라마틱한 현장 전문가의 일화를 들은 적이 있다. 그 유명한 일화에서 현장 전문가의 기막힌 촉이란 무엇인지 알 수 있다.

한국 유명 기업의 A 회장이 어느 날 정부가 주관하는 개발 회의에 참석했다고 한다. A 회장은 그 자리에서 한강에 댐을 건설한다는 개발 정보를 들었다고 한다. 그 회장은 바로 돌아와서 개발 담당 B 임원에게 홍수로 자주 침수되었던 한강 변을 찾으라고 지시했다. B 임원은 댐 공사에 필요한 공사 장비와 건설자재가 아니라 침

수 지역을 파악하라고 하니 무슨 뜻인지 깨닫지 못했다고 한다. 그래서 상습 침수 지역에 관한 정보가 왜 필요한지 회장에게 물었다고 한다. A 회장은 다음과 같이 말했다.

"댐이 건설되면 홍수로 인한 한강의 범람은 사라질 거 아닌가. 그러면 그동안 홍수 때문에 자주 침수되어 상대적으로 저평가된 그 땅의 가격이 엄청나게 뛸 거야. 땅값이 폭등하기 전에 다른 사람들보다 빨리 그 땅을 사라는 뜻일세."

A 회장처럼 사람들은 살아가면서 수많은 징후를 보았을 것이다. 아마도 대부분은 그 징후를 보고도 지나쳤을 것이다. 우리 대부분은 일상에서 경제 변화의 신호를 접하고 있음에도 그 뜻을 해석하지 못한다. 반면 현장 경제 전문가는 우리 주변의 사소한 징후로 미래의 경제 흐름을 예측하고 대비한다. 그 결과는 어떨까. 당연히 현장 경제 전문가들이 부자가 된다. 그 개발 담당 임원은 서울대 토목공학과를 나온 개발 전문가였고, A 회장은 학교 교육을 제대로 받지 못한 현장 전문가였다. 역시나 책상의 지식과 현장의 지식은 차이가 크다. 부자가 되는 결과물을 만들어낸 것은 책상의 개발 전문가가 아니라 현장 전문가인 A 회장이었다.

오동잎이 떨어지는 것을 보면서 계절 순환을 예측하는 것처럼, 경제 순환도 현장의 신호로 진단할 수 있다. 경제 분야에서 자기만의 진단법을 활용하여 경제 흐름을 예측하는 전문가들이 많다. 현실 경제를 진단하는 키트는 여러 가지다.

산업경제에서 대표적으로 사용되는 진단 키트는 바로 구리다. 구리 가격은 산업 수요에 따라 변하며 경기의 흐름을 잘 보여주므로 경제학 박사 또는 '미스터 코퍼Mr. Copper'라고 불린다. 이처럼 경제의 흐름에 민감하게 반응하기 때문에 선행 지표로 활용된다. 아마도 원유나 곡물에 비해 전쟁 등이 미치는 정치적 영향이나 생산이 불균형해질 위험이 적기 때문일 것이다. 산업의 활성화 정도에 따라 수요 증가와 감소가 나타나는 광물이라는 특징도 영향을 미친다. 수요가 증가하여 가격이 오르면 경기 상승, 수요가 줄어들어 가격이 내려가면 경기 둔화 가능성을 보여준다고 할 수 있다.

아들아, 부자가 되고 싶다면 경제 구조를 이해할 수 있는 지식이 꼭 필요하다. 더불어 현장의 흐름을 파악하고 경제 상황을 가늠하는 진단 키트도 중요하다는 점을 알아야 한다. 경제 지식이 해박하면서도 가난하게 살아가는 사람들은 현장을 이해하는 촉이 없을 가능성이 크다.

경제지표는 결과값이기 때문에 지나버린 과거를 분석한 자료일 뿐이다. 부자가 되기 위해서는 경제지표보다 현실 경제 징후를 읽을 줄 알아야 한다. 그것을 읽고 다른 사람들보다 반걸음 앞서는 사람이 바로 현장 경제 전문가다.

부자의 길을 안내하는 부의 나침반은 콩나물값이 되기도 하고, 상품권 깡 할인율이 되기도 하고, 구릿값이 되기도 한다. 부의 나침반은 숫자가 아니라 삶의 현장 속에 있다.

아들아, 눈 크게 뜨고 오동잎이 언제 떨어지는지 살펴보아라. 여름은 가고 가을은 온다. 또한 겨울이 가고 봄이 온다. 봄이 오면 조만간 여름이 온다. 이렇게 계절은 순환한다. 계절은 순환하면서 반드시 징후를 보인다.

경제도 마찬가지다. 아들아, 경제도 계절처럼 순환한다. 순환하기 전 나타나는 징후를 살피고 흐름을 파악해라. 그래야만 부자가 될 수 있다.

수영장에
물이 빠지면

경기순환은 정말 예측하기 어렵다. 경기순환은 계절의 순환과 비슷한 듯하면서도 전혀 딴판이다. 경기순환엔 아예 시계가 없다.

현재 수준에서 경기순환을 알 수 있는 기준이 무엇이냐고 물으면, 아버지는 '물가'라고 대답할 수밖에 없다. 물가는 경기순환을 보여주는 유일한 신호다. 물가는 경기순환의 징후가 되는 '경제의 오동잎'이다. 요즘 '경제의 오동잎'이 한 잎 두 잎 떨어지는 현상을 암시하는 기사가 나오고 있다.

많은 사람이 역사적인 사건 때문에 물가에 대해 오해하고 있다. 첫째는 제1차 세계대전 이후 독일에서 나타난 살인적인 물가 인상이다. 둘째는 국가 재정을 방만하게 운영하고 화폐를 무분별하게 발행한 베네수엘라가 최근 겪고 있는 물가 폭등이다. 두 사건은 국가 운영이 비정상적이었기 때문에 벌어졌다. 정상적인 경제체제에서 물가는 경제 순환의 신호가 된다.

경기 흐름에서 '물가가 오른다'는 것은 경기 호황이 시작되었다는 의미다. 특히 급격한 물가 인상은 경기 호황이 최고점의 상행선에 들어섰다는 의미다. 정상적으로 국가 경제 시스템이 작동하는 나라에서 급격하게 나타나는 물가 인상은 호황을 끝내라는 신호다. 다시 말하면 이제 열기를 식혀야 한다는 신호다. 열기 식히는 방법은 간단하다. 금리 인상이라는 통화정책을 사용하는 것이다.

금리는 돈의 값이다. 물가가 오른다는 말은 돈값이 내려갔다는 말이다. 그래서 돈의 값을 올리는 금리 인상 정책을 써서, 저금리로 가득했던 수영장의 물을 빼는 것이다.

금리가 인상되면 어떤 일들이 벌어질까? 이 부분을 잘 살펴봐야 한다. 먼저 저금리일 때 상황을 짚어보자. 금리가 낮을 때 돈의 값이 싸니까 다들 돈을 엄청나게 빌려 갔을 거다. 어디에서? 바로 은행이다. 누가? 정부와 기업, 그리고 가계가 너도나도 할 것 없이 엄청 빌려 갔던 거다. 저금리일 때는 좋았는데 금리가 올라가니 이자 부담이 높아지고 대출 연장도 어려워져서 돈을 갚아야 하는 일이 벌어진다. 그래서 금리가 인상되었다는 소식은 은행에서 돈을 빌려 간 사람들을 긴장시킨다. 금리가 인상되면 이자 부담을 줄이

아들아, 부동산 공부해야한다

거나 원금을 상환하는 계획을 세워야 한다.

금리가 인상되면 벌어지는 일들에 관해 워런 버핏은 이렇게 말했다.

"물이 빠지면 누가 발가벗고 수영하는지 알 수 있다."

금리 인상은 수영장의 물을 빼내는 일과 같아서, 시중의 돈이 쭉 빠지면 빚으로 투자한 사람은 다 드러나게 된다. 빚이 많은 사람은 견디기 힘든 계절이 다가오고 있다. 원금을 상환하든, 고금리 이자를 감당하든 대책을 세워야 하는 시기다. 벌거벗은 아랫도리를 가리기 위해선 빨리 무언가는 챙겨 입어야 한다.

반대로 빚이 없는 사람은 싸늘한 날씨에 대비해서 가을 옷가지 몇 개만 준비하면 끝이다. 빚이 없는 사람은 금리 인상을 걱정할 필요가 없다. 돈을 쌓아둔 사람에게 금리 인상은 오히려 돈 버는 기회가 된다. 현금 유동성이 빠지면서 자산 시장이 얼어붙으면 자산이 헐값이 된다. 돈을 쌓아둔 사람에게는 자산을 매입할 호기다. 저평가된 자산은 언제가 다시금 올라간다. 경기에 봄바람이 불면 그 가치는 다시 재평가된다. 즉, 봄이 되면 자산 가치는 다시 꽃이 핀다. 그러니 자본가에게는 금리 인상이 더 큰 기회가 되는 것이다.

지금까지 한 말을 정리하면 이렇다.

> 물가 상승(오동잎) → 경기 호황(가을) → 금리 인상(돈의 추수) → 대출자의
> 고통(빚의 고통)
>
> 물가 상승(오동잎) → 경기 호황(가을) → 금리 인상(돈의 추수) → 자본가의
> 기쁨(돈의 축복)

요즘 금리가 빅스텝big step으로 올라갈 거라고 여기저기서 이야기하고 있다. 하지만 앞날을 정확하게 예측할 수 있는 사람은 거의 없다. 다만 그 현상을 바라보는 대출자와 자본가의 생각은 짐작할 수 있다. 자본가는 이번 기회에 떨어지는 자산을 매입해서 더 큰 자산을 소유할 계획을 세우고 있을 것이다. 반면 빚이 넘치는 대출자는 발가벗고 견뎌야 하니 크게 우려할 것이다.

돈은 고약한 구석이 있다. 극과 극으로 치달을 때가 많다. 돈은 누군가에 독약이 되기도 하고, 누군가에게 보약이 되기도 한다. 경제의 겨울이 성큼 다가오고 있다.

21세기의 부는
사냥꾼의 방식으로 찾아야 한다

세상을 살아가는 방식은 두 가지가 있다고 한다. 농부와 포수다.

농부의 방식으로 산다는 것은 농사짓는 사람처럼 성실하고 규칙적인 삶을 영위하는 걸 말한다. 농부의 삶은 성실 그 자체다. 매일 아침 해가 뜨기 전에 일어나서 종일 부지런히 일해야 한다. 계절과 하루의 순환에 따라 규칙적으로 생활하는 습관이 몸이 배어 있어야 한다. 봄에는 씨앗을 뿌려야 하고 그 씨앗이 잘 자라도록 매일 돌보아야 한다. 벼는 농부의 발걸음 소리를 듣고 자란다는 말처럼, 성실한 농부만이 가을에 결실을 얻을 수 있다.

한편 포수의 방식으로 산다는 것은 사냥감을 노리는 맹수처럼 기회를 노리는 삶이다. 포수는 농부처럼 해 뜨기 전 일어나 종일 부지런을 떨 필요가 없다. 사냥감이 다니는 길목에서 기다리거나 사냥감을 뒤쫓아 가면서 사냥을 한다. 포수는 사냥감의 움직임을 잘 알고 있어야 한다. 토끼는 뒷다리가 길어 오르막길에서는 날쌔지만 내리막길에서는 느리므로 내리막으로 몰아야 잡을 수 있다. 멧돼지는 추위를 싫어하니 양지바른 목에서 기다려야 한다. 이처럼 포수는 사냥감의 특성을 정확히 알아야 하고, 사냥감이 나타나면 목표를 향해 정확하게 총을 쏠 줄 알아야 한다. 뛰어난 포수는 최적의 순간에 방아쇠를 당길 줄 알아야 한다.

농부의 강점이 성실하게 수행하는 능력이라면, 포수의 강점은 기회를 포착하는 능력이다. 농부의 삶은 직원의 삶이라고 할 수 있으며, 포수의 삶은 사업가의 삶이라 할 수 있다. 아버지는 25년간 성실한 농부로 살아왔다. 아버지는 삶에 누구보다 충실했다고 자부한다. 누구보다 먼저 새벽부터 회사로 달려갔고, 주말도 마다하지 않고 일했다. 그러나 그것뿐이다. 25년간 정해진 대로 성실하게 일해왔다는 것이 아버지 삶에 무엇을 남겼는지는 알 수 없다.

아버지는 지난해 퇴직하면서 다짐했다. 이제 농부로서 살지 않고 포수로서 살아가겠다고. 직장을 퇴직하고 나니 세상은 농지가 아니라 세렝게티 초원이었다. 매일 성실하게 일어나서 가야 할 곳이 없었고, 매일 성실하게 일해온 것만으로는 무엇을 사냥할 수도 없었다. 사냥은 기회였고, 아버지에게는 기회를 보는 눈이나 최적의 타이밍을 알아차릴 능력이 미흡했다. 퇴직하고 보니 25년간 농부처럼 살며 익힌 것들은 아무 소용이 없었다.

아들아, 네가 직장 생활을 할 수 있는 날은 아버지보다 짧으면 짧았지 결코 길지 않을 것이다. 국내 대기업들은 앞다투어 40대 임원들을 등용하고 있다. 50대에 직장인으로 살아남기란 결코 쉽지 않다. 너의 직장 생활은 아버지 때보다 짧을 가능성이 높다. 네가 하고 싶다고 오래 할 수 있는 게 아니다. 직장이라는 울타리 밖으로 나오면 비로소 세상이 똑바로 보인다. 아들아, 우리가 사는 21세기는 호남평야의 비옥한 농토가 아니라 세렝게티 초원이다.

그렇다면 우리가 종국에 익혀야 할 삶의 방식은 포수의 방식일 것이다.

지금으로부터 약 800년 전 몽골 제국을 일군 칭기즈칸.

그가 살았던 몽골 초원에는 두 가지 재앙이 있었다. 바로 혹한과 가뭄이었다. 몽골 초원은 농토로서는 저주받은 땅이었다. 그래서 몽골인은 한곳에 머무르지 않고 말을 타고 끊임없이 길을 닦아가며 살았다. 칭기즈칸 시대에 세계 여러 나라를 정복해서 얻은 땅은 777만 제곱킬로미터에 이른다. 칭기즈칸은 세계 어느 정복자보다 넓은 땅을 지배했다. 몽골 제국은 인류 역사상 가장 넓은 '해가 지지 않는 제국'이었다.

몽골인의 생업은 전쟁이었고, 그들의 일자리는 말 잔등 위에 있었다.

몽골인을 묘사한 이 말에 '포수의 삶'이 그대로 담겨 있다.

시대는 다르지만 포수의 방식으로 살아간 또 한 사람이 있다. 바로 스티브 잡스다. 그의 철학은 스탠퍼드 대학교 졸업식 연설에 잘 나타나 있다.

점을 연결하는 일.

인생의 모든 일은 서로 연결되어 있다. 과거의 점들을 의미 없게 흘려보내지 말아야 한다. 21세기의 포수는 자신의 경험과 지혜를 연결할 수 있는 사람이다.

열정을 가지고 도전하는 삶.

스티브 잡스는 위대한 일을 하는 유일한 방법은 그 일을 사랑하는 거라고 했다.

"내가 포기하지 않고 계속 나아갈 수 있었던 것은 내 일에 열정을 가지고 있었기 때문입니다. 여러분도 열정을 쏟을 수 있는 일을 찾아야 합니다."

포기하지 않고 계속 도전하는 자세가 바로 포수의 방식이다. 농사꾼은 한 번 실패하면 한 해 농사를 망치지만, 사냥꾼은 하루에도 몇 번씩 실패하고 계속 도전할 수 있다. 포수의 삶은 도전하는 삶이다.

매일을 인생의 마지막 날처럼.

아들아, 부동산 공부해야한다

스티브 잡스는 사람들은 마음속으로 자신이 정말로 무엇이 되고 싶은지 이미 알고 있다고 했다. 다른 모든 것은 부차적인 것에 불과하다고. 그는 해적이 될 수 있다면 왜 구태여 해군에 입대하느냐고 묻는다. 그리고 정해진 매뉴얼을 수행하는 해군이 아니라 죽음과 맞서 싸우는 해적으로 살아가라고 한다. 스티브 잡스가 강조한 해적의 삶은 바로 포수의 삶이다.

"만약 매일을 당신 인생의 마지막 날이라고 생각하고 살아간다면 당신은 반드시 성공합니다. 여러분에게 주어진 시간은 제한되어 있습니다. 다른 누군가의 삶을 대신 사느라 자신의 인생을 낭비하지 마십시오. 다른 사람의 생각의 결과물에 따라서 사는 오류를 범하지 마십시오. 다른 사람의 견해 속에 자기 내면의 목소리가 파묻히지 않도록 하세요. 가장 중요한 건 자신의 직관과 열정을 따라갈 수 있는 용기입니다."

아들아, 우리가 살아가는 21세기는 스스로 기회를 찾아야 하는 척박한 초원이다. 네가 아무리 바란다고 해도 농부의 삶은 언젠가 끝이 나고 만다. 너는 칭기즈칸처럼 말 잔등 위에서, 스티브 잡스처럼 해적선 갑판 위에서 살아갈 방도를 찾길 바란다.

코로나19에도
배울 것은 있다

아들아, 우리는 코로나19 바이러스 때문에 인류사적 위기에 처해 있다. 코로나19 바이러스를 박멸할 수 있다는 인류의 오만한 자신감은 지루하게 1년 9개월을 버티는 동안 사라졌다. 우리는 코로나19 바이러스와 공존을 선택할 수밖에 없다는 걸 깨닫게 되었다. 어쩌면 이 선택은 최선이 아닐 수 있다. 다만 최악의 상황으로 치닫지 않도록 최선의 선택을 해야 한다는 자세가 필요한 거다.

아들아, 지금부터 코로나19가 가져다준 삶의 변화를 되짚어보자. 우리는 코로나19 바이러스를 통해서 무엇을 배웠는가? 코로나19는 새로운 길을 예비하는 도약의 기회가 될 수도 있다고 아버지는 생각한다. 특히나 지금의 너희 세대에겐 이 고난이 인생에서 가장 소중한 경험이 될 수 있다. 그냥 스쳐 지나가도록 방치해선 안된다. 20~30대는 경제적으로 가장 탄력성이 좋을 때고, 또한 경제적 타격을 빠르게 극복하는 회복력이 좋을 때다. 이 시기에 경험한 고난은 강철을 단련시키는 담금질처럼 너희를 단단하게 만들어줄 것이다. 모든 강철은 혹독한 담금질을 견뎌야 비로소 무쇠로 거듭날 수 있다. 2030세대에겐 탄력성과 회복력이 좋은 시기에 경제 근력을 담금질하는 격변기를 만난 일이 행운일 수 있다.

고난은 사람을 단단하게 만들어준다. 인생의 많은 것을 글과 말로 배우는 데엔 한계가 있다. 특히 경제 분야는 더욱 그렇다. 직접 몸으로 체험할 수 있는 경제적 변화가 바로 눈앞에 펼쳐지고 있다. 이 변화는 10년에 걸쳐야만 일어날 수 있는 어마어마한 변화다. 그 변화를 한복판에서 온몸으로 경험한다는 것은 행운을 넘어 축복일 수도 있다. 물론 고난엔 고통이 따르기 마련이다. 고통을 견뎌내는 것 또한 배움의 하나다.

아들아, 그렇다면 코로나19 위기 속에서 어떤 지혜를 배워야 할까? 아버지는 너희가 세 가지 지혜를 얻길 바란다.

첫째, 코로나19는 근로소득의 한계를 깨닫게 했다.

1997년 IMF 외환위기부터 2002년 신용카드 사태와 2008년 글로벌 금융위기, 그리고 2020년 코로나19 팬데믹은 우리로 하여금 근로소득의 한계를 깨닫게 만드는 과정이었다. 경제 위기가 휩쓴

자리에서 상처 입고 피 흘리는 쪽은 언제나 근로자였다. 코로나19로 돈의 가치가 떨어지고 일자리가 휘청거리자 근로소득에만 의지하는 노동자들이 한순간에 나락으로 떨어졌다. 자영업 종사자 560만 명 역시 매출 하락으로 위기를 맞았다. 여기에 부동산 등 자산가치가 급상승하면서 무주택자는 이른바 '벼락거지'가 되는 사태를 맞았다. 코로나19는 자본소득과 사업소득을 마련하지 못한다면 살아남을 수 없다는 위기감을 일깨워줬다.

둘째, 코로나19는 급격한 산업 변화를 가져왔다.

세상은 유례가 없을 정도로 짧은 기간 동안 아날로그에서 디지털로 변화했다. 학교 수업은 인공지능AI 기반의 온라인 수업으로 대체되었고, 기업의 대면 회의도 화상회의로 대체되었다. 격동의 시대에는 위기와 기회가 동시에 등장한다. 변화에 적응하지 못한 기업은 위기를 맞았고, 변화에 잘 대응한 기업은 기회를 잡았다. 음식점도 빠르게 배달 시스템을 갖춘 곳은 위기를 잘 넘겼지만, 옛 시스템을 고수하며 대응하지 못한 곳은 매출 하락 또는 폐업을 맞는 경우가 많았다.

아버지는 1997년 IMF 외환위기 때 직장의 부도라는 위기를 겪었지만, 이직한 기업에서는 대형 마트가 급격하게 성장하는 흐름을 타고 소득을 늘릴 수 있었다. 외환위기 이전에는 백화점과 슈퍼마켓이 유통을 지배했다면, 외환위기 이후에는 원스톱 쇼핑과

EDLPEvery Day Low Price 전략을 앞세운 대형 마트를 중심으로 유통 구조가 급전환되었다. 이제는 코로나19로 인해 대형 마트가 지고 전자상거래가 중심이 되었다. 이처럼 변화는 우리가 예상하는 것보다 훨씬 급격하게 나타날 수 있다. 너희는 산업의 변화를 잘 포착하고 변화 속에서 기회를 잡아라.

셋째, 코로나19는 각 개인이 재테크에 투자하는 분위기를 정착시키고 투자 감각을 키우도록 했다.

코로나19 팬데믹은 개개인의 투자가 일반화하는 계기가 되었다. 코로나19로 인해 금융시장은 급격하게 변화했다. 이런 상황에서 주식시장에는 동학개미로 불리는 개인 투자자들이 몰렸고, 부동산 가격이 급상승하면서 너도나도 부동산 투자를 공부하기 시작했다. 재테크는 특별한 사람들의 것이 아니라 누구나 공부하고 실행하는 것이 되었다.

아들아, 고난은 절망만을 안기지 않는다. 그 고통 안에 또한 기회가 있다. 코로나19를 그저 마스크를 쓰고 살아야 하는 불편 정도로 여기지 마라. 이 질병이 우리에게 준 교훈을 똑똑히 새기고 잊지 말길 바란다.

부동산 재테크를
해야 하는 이유

아들아, 오늘은 오래된 직장 이야기를 해주고 싶다. 너도 취직하면 경험할 얘기다.

〈나는 가수다〉라는 예능 프로그램이 있었다. 아버지가 40대였을 즈음에 유행한 프로그램으로, 유명 가수들이 다른 가수 노래를 부르며 경연했다. 어느 날인가. 임재범이라는 가수가 오래된 노래 '여러분'을 들고 나왔다.

네가 만약 괴로울 때면 내가 위로해줄게.
네가 만약 서러울 때면 내가 눈물이 되리.

거친 목소리로 나직이 읊조리는 노랫말이 마치 아버지를 위로 해주는 듯했다. 그때 나는 직장에서 팀장을 맡고 있었는데 이 노래에서 큰 위로를 받았다. 갑자기 '여러분'이라는 노래가 떠오른 데는 이유가 있다.

어제 직장 후배를 만나고서 그때의 내 모습을 보는 듯해서 그랬던 것 같다. 어제 만난 40대의 후배는 정말 비스듬히 서 있는 괴로운 직장인의 모습이었다. 그래서 오늘은 그 후배를 위해서 글을 쓰는 거다.

아들아, 사실 아버지는 그 후배를 만나고 작은 충격을 받았다. 그 후배는 마흔셋이다. 11명을 팀원으로 둔 팀장이다. 한창 에너지 넘칠 때이건만 후배는 어깨가 무거워 보였다. 후배는 나를 만나자마자 하소연을 한참 쏟아냈다. 하소연은 현재 직장에서 겪고 있는 갈등과 집안일에 관한 고민이었다. 그 후배는 직장의 팀장 역할이 너무 버겁고, 가정의 가장 역할이 힘들다고 했다. 또 머지않아 퇴직할 수밖에 없는데 그 이후의 삶이 불안하다는 이야기도 했다.

아들아, 아버지는 후배를 만나고 돌아와 서러운 40대의 눈물이 되고픈 마음으로 글을 쓰게 되었다. 비록 그 친구에게 직접 위로가 되지 못할지라도.

곰곰이 생각하면 지금의 40대는 참으로 불쌍한 세대다. 40대는 5060세대의 등쌀에 10여 년을 고생해서 이제 겨우 팀장이라는 직위에 이르렀다. 하지만 이젠 2030세대의 눈치를 보면서 이러지도 저러지도 못하고 살아가는 낀 세대다. 베이비붐 세대인 60대는 동료애로 똘똘 뭉쳐서 결속력이 강하고, 그다음 세대인 50대는 민주화 운동을 함께한 세대답게 동지로서 결속력이 참으로 놀라울 정도다. 개인주의가 팽배한 X세대로 청춘을 보낸 40대는 선배들의 결속력을 감히 따라올 수가 없다. 그들은 수직적 조직 문화 속에서 선배들에게 치이며 살아왔다.

여기에 남다른 경험을 추구하는 MZ세대를 후배로 맞이한 40대는 예전 선배들처럼 강력한 통제력을 발휘할 수도 없다. 이전과 같은 강력한 조직 문화가 아니라 존중과 합리성이 요구되는 시대다. 강한 통제는 갑질이 되고, 그렇다고 방임하면 무능하다고 낙인 찍히는 상황에서 40대는 균형이 아슬아슬한 줄타기를 해야 한다. 그렇게 40대는 위 세대에 눌리고 아래 세대에게는 치이면서 누구에게도 위로받지도 못한 채 끼여 있다. 아버지는 어제 후배의 하소연을 들으면서 안쓰러운 40대에게 들려주고 싶은 이야기를 떠올렸다. 사회인의 네 가지 유형이다. 사회인을 일과 돈의 관점으로 나누면 네 부류의 사람이 있다고 한다.

첫째, 사업가 유형은 일도 잘하고 돈도 잘 버는 사람이다. 기업의 창업자들을 보면 이런 유형이 많다. 페이스북(현 메타)의 창업자 마크 저커버그, 우아한형제들의 김봉진 의장 등이다. 일도 잘하고

아들아, 부동산 공부해야한다

돈도 잘 벌어서 사회의 상류층을 차지하는 사람들이다.

둘째, 자본가 유형은 일은 잘 못하지만 돈은 잘 버는 사람이다. 그들은 자본주의의 속성을 누구보다 잘 아는 사람들이다. 그래서 돈을 통해서 돈을 번다. 대부분 자본을 바탕으로 돈을 버는 투자자다. 대표적인 사례가 강남의 건물주들이다. 미국으로 치면 월가의 돈을 움직이는 사람들이다. 이들은 국가의 금융시장을 쥐고 흔든다.

셋째, 근로자 유형은 일은 잘하지만 돈 버는 법을 모르는 사람이다. 직원으로 살아가는 사람들 중 높은 자리에 오른 월급쟁이 임원들이 이런 유형이다. 직장에 있는 동안에는 월급과 명함, 복지를 통해 근사하게 살아가지만, 퇴직하는 순간 사회적 죽음을 경험하는 사람들이다.

넷째, 실업자 유형은 일도 못하고 돈도 못 버는 사람들이다. 직원으로 살아가면서 윗사람에게 눌리고 아랫사람에게 치여서 오늘내일하며 지내는 사람들 중 이런 유형이 많다. 불행한 것은 직장인들의 대부분은 실업자 유형이라는 사실이다. 그들은 일하는 능력이 뛰어나지 못해서 직장에서 근근이 버티고, 재테크 수완도 없어서 집에 모아둔 재산도 없다. 코로나19 이후 이 사회에는 실업자 유형의 구성비가 늘어나고 있다. 부동산 자산 가치 상승은 자산이 없는 실업자 유형의 어려움을 가중시켰기 때문이다.

5060세대까지는 근로자 유형 또는 실업자 유형으로 살아도 그런대로 살 만했다. 대표적인 사례로 아버지를 보면 된다. 나는 50대의 끝자락에 걸려 있지만 월급을 아끼고 모아서 제법 자산도 모으고 살 수 있었다. 아버지 때는 일을 못하고 돈도 못 버는 유형의 사람도 바닥으로 내팽개쳐지지는 않았다. 경제성장기여서 기업은 많은 인력을 필요로 했고, 정년도 지금보다 잘 지켜지는 편이었다. 또한 정규직이라면 「근로기준법」 때문에 어느 정도 안정적인 직장생활을 보장받는 게 어렵지 않았다.

그러나 앞으로 직원으로 살아가는 일은 더욱 암담해질 것이다. 정규직 일자리 중 상당수는 비정규직으로 대체되고 있다. 또한 저성장 시대에 살아남기 위해 많은 기업이 채용을 줄이는 한편 오래 근속한 직원들의 퇴직을 권장하고 있다. 기업의 생존 환경이 빠르게 변화하면서 나이 든 직원들은 대체되고 있고, 정년은 이미 사라진 지 오래된 옛말이 되었다. 요즘은 5060뿐 아니라 40대까지 희망퇴직을 받는 기업이 늘고 있다. 그야말로 각자도생의 시대다.

탄탄한 직장은 줄어들고 안정적인 일자리는 소상공인 같은 개인사업자나 배달 노동자 같은 긱 노동, 택배 노동자 같은 일용직 일자리로 대체되고 있다. 40대는 그 피해를 온몸으로 감당하고 있다.

이런 현실 속에 40대가 있는데 그 누구도 이들을 위로하거나 지켜주지 않는다. 이들의 답답한 마음을 그 누구도 들어주지 않는다. 차라리 다른 세대는 위로라도 받는다. 50대의 퇴직엔 안타까운 마음의 위로를, MZ세대에게는 최초로 부모들보다 못사는 세대라는 걱정을 해준다. 그러나 40대에게는 막중한 책임의 무게가 기다리고 있을 따름이다.

어제 후배는 말했다.

"회사에서는 퇴직하지 않고 버티는 50대 선배를 팀원으로 두고서 눈치를 보고 있고요. 또박또박 따지고 대드는 MZ세대의 이야기를 귀담아 들어주어야 하고요. 집에선 애들 교육비가 많이 들어서 돈 모으는 것은 엄두도 못 내고 있어요. 여기에 집은 전세인데, 집값은 천정부지로 올라가고 있죠. 더 답답한 것은 교육비를 쏟아부어도 애들이 이 사회에서 저만큼 살아갈 수 있다는 보장이 없는 거예요."

후배의 이 얘기를 듣고서 솔직히 어떻게 위로해야 할지 갈피를 못 잡았다. 그저 정현종 시인의 〈비스듬히〉라는 시를 적어놓고 글을 떠올렸을 뿐이다.

생명은 그래요.
어디 기대지 않으면 살아갈 수 있나요?
공기에 기대고 서 있는 나무들 좀 보세요.

(중략)

비스듬히 다른 비스듬히를 받치고 있는 이여.

아들아, 오늘은 40대 옆에 서서 그들이 비스듬히 기대면 받쳐주고 싶다. 비스듬히 서 있는 40대에게 흔들려도 괜찮다고 말해주고 싶다. 다만 뿌리째 흔들리지 않도록 그 옆에 비스듬히 서 있겠다고 말해주고 싶다. 아들아, 살아가기가 점점 팍팍해진다.

아들아, 부동산 공부해야한다

부자의
지혜

아들아, 아버지는 퇴직 후에 현재의 순간에 충실하고자 했다. 인생 2막을 위해서 글쓰기, 콘텐츠 만들기, 강연 등 매일 주어진 일에 최선을 다했다. 그것이 미래를 준비하는 유일한 방법이라 믿었다. 그러다 문득 과거를 되짚어보았다. 아버지가 살아온 삶은 어떤 의미였을까. 나는 어떤 발자취를 남기며 걸어왔을까. 오늘은 너에게 아버지가 과거에서 배운 사실을 이야기해주고 싶다.

회사는 아버지에게 어떤 의미였을까?
나는 퇴직하고서 너에게 '직원으로 시작해라. 그러나 직원으로 살지 마라'라는 말을 자주 했다. 이 말을 반복한 이유는 회사에

서 직원이 차지하는 지분 때문이었다. 아무리 열심히 일해도 회사
는 네 것이 아니다. 직원이 만들어낸 퍼포먼스의 소유권은 직원에
게 없다는 말이다. 오직 월급과 경력 정도만 직원의 소유가 될 뿐이
다. 직원들의 노력과 시간으로 만들어낸 결과물은 회사의 것이다.
그러니 직원으로 시작해서 소득과 사회적 경험을 쌓되 가급적 빠른
시일 안에 사업가와 자본가가 될 준비를 하라고 했다.

우리가 직장을 다니는 목적은 쉬지 않고 일하기 위해서가 아니
다. 행복하게 살거나 아니면 돈을 벌어서 행복의 기반을 닦기 위함
이다. 그러나 월급쟁이들은 직장에서 일하는 목적을 명확하게 인지
하지 못하고 그저 일만 한다. 월급쟁이 입장에서 보면 직장을 다니
는 1차적 목적은 돈과 경제 감각이다. 회사는 그것을 배우는 학교
다. 그런데 직장에서 돈과 행복을 얻는 방법은 배우지 못하고, 오직
일 잘하는 방법만을 배운다.

아들아, 지금 나는 후배들에게 직장에 다니는 동안 월급 이외
소득의 파이프라인을 구축하라고 말한다. 지금 나는 후배들에게 직
장에 다니는 동안 명함 이외에 자신의 사회적 존재감을 만들라고
말한다. 직장에 다니는 동안 회사와 연계된 인맥 이외에 미래의 네
트워크가 되어줄 사회적 관계망을 만들라고 말한다. 그런 준비를
통해서 월급을 뛰어넘는 자기만의 소득 파이프라인을 만들라고 말
한다. 그래서 회사의 명함이 아니라 존재 자체가 명함이 되도록 만

들라고 말한다. 아들아, 너에게 회사는 돈 받고 다니는 학교가 되길 바란다.

둘째로 아버지는 50억이라는 자산이 어떻게 만들어졌는지 이야기하고 싶다. 어떻게 50억 자산가가 되었냐는 질문을 받을 때마다 나는 가장 평범한 대답을 한다. 돈은 네 가지 기본 통로를 따라가면 반드시 쌓인다고 말한다. 돈이 들어오는 소득, 돈이 나가는 지출, 돈이 쌓이는 저축, 돈이 불어나는 투자다. 많이 벌고 적게 쓰고 꾸준하게 쌓아서 안전하게 불리면, 큰 부자는 못 되어도 50억 정도 자산은 벌 수 있다고 가장 원론적인 답변을 한다. 나는 월급쟁이가 돈을 벌려면 이렇게 단순히 기본에 충실하면 된다고 생각한다. 오히려 복잡하게 생각하다가 본질을 놓치게 되니, 되도록 단순하게 바라보라고 말해준다.

사람들은 보통 그렇게 악착같이 적게 쓰고 꾸준히 저축하는 인내의 시간을 가져야 하느냐는 의문을 제기한다. 굳이 그렇게 지난하고 지질한 과정을 거쳐서 돈을 벌어야 하는가 질문하는 거다. 한번 사는 소중한 인생에서 내일을 위해 오늘의 행복을 유보하고 인내하며 참아야 하느냐는 의문이 들기 때문이다.

그럼 아버지는 이렇게 대답한다. "우리 삶의 90%가 돈과 관련이 있다." 돈이 왜 우리 삶과 90% 이상 밀접한 관련이 있는가? 삶의 목적인 행복은 경제적으로 자립할 기반이 있어야 얻을 수 있기 때문이다.

아들아, 과거 인류의 역사를 살펴보면 알 수 있다. 1만 년 전 수렵과 채집의 시대에도 의식주가 가장 중요했고, 농경시대에도 생산수단인 땅과 그 땅의 생산물을 통한 생존이 가장 중요했으며, 산업화 시대에는 생산수단인 공장과 그 제품을 통한 생존이 제일 중요했다. 인류 역사상 평범한 사람에게 가장 중요했던 것은 '먹고사는 것'이었고, 그 수단은 당연히 경제적 활동이었다.

게다가 오늘날 인류는 이전의 인류와 달리 장수한다. 더 오래 더 길게 생존해야 하는데, 그 생존에 가장 중요한 도구는 역시 돈이다. 통계청에 따르면 1970년 한국의 기대수명은 62.3세였다. 2020년 기준 기대수명은 83.5세로, 50년 전보다 약 21년이 늘어났다. 기대수명이 늘어났다는 게 마냥 좋은 소식은 아니다. 기대수명이 62세 때는 60세까지 일해서 2년의 여생만 보내면 됐지만, 이제는 60세까지 일하면 23년의 여생을 소득 없이 보내야 한다. 아무런 노후 대책 없이 90세, 100세까지 가난하게 살아간다면 그 삶은 과연 행복할 수 있을까. 게다가 직장에서의 내일을 더는 보장받을 수가 없어 50대, 40대, 자칫하면 30대에도 반강제로 은퇴해야 할 수도 있다. 소득이 보장된 기간은 짧고, 생존해야 할 남은 인생은 길다. 이것이 내일을 위해 오늘을 인내하고 돈을 모으고 그 돈으로 투자해야 하는 이유다.

마지막으로 종잣돈을 어떻게 모아야 하는가에 관한 이야기다.

작가가 된 후 종잣돈을 어떻게 모아야 하느냐는 질문을 많이 받았다. 아버지는 소득이 아니라 지출을 통제해야 종잣돈을 모을 수 있다고 말해준다.

자본주의 투자시장은 자본을 많이 가진 자가 유리한 싸움터다. 따라서 최소한의 자본인 종잣돈이 있어야 돈을 불리는 투자를 할 수 있다. 또 투자에 성공하려면 시간과 싸워야 한다는 말이 있다. 성공적인 투자는 인디언 기우제와 비슷하다. 안정된 곳에 투자하고, 이익이 상승할 때까지 기다리는 게 핵심이다. 종잣돈을 만들고 안전한 투자처에 돈을 넣고 시간을 견뎌야 한다.

돈과 경제적 기반을 갖추지 못하면 살아갈 수 없다. 사람들이 아버지에 관해 오해하는 부분이 있다. 퇴직 이후에 이렇게 돈, 돈, 돈 하니 사람들은 나를 돈에 미친 사람으로 생각하는 듯하다. 아니다.

아버지가 돈을 강조하는 이유는 돈이 없으면 사는 일이 구차해지기 때문이다. 돈이 없으면 인간관계도 유지되지 않고, 돈이 없으면 남들이 꺼리는 더럽고 힘든 일에 목매야 하고, 돈이 없으면 불행을 친구 삼아야 한다. 그렇다고 돈을 벌기 위해 무슨 짓이든 해야 한다는 건 아니다. 돈을 벌기 위해 남의 눈에 눈물 나게 하는 사람은 반드시 그 끝이 좋지 않다. 돈을 버는 이유는 네가 행복하고 자유롭게 살기 위해서다. 남의 눈에 눈물 나게 하는 방법으로는 결코 행복하고 자유롭게 살 수 없다.

아들아, 이렇게 다 지나버린 과거를 되짚어보면서 많은 것을 깨닫는다. 아버지가 반백의 인생에서 배운 보잘것없는 깨달음이다. 이것이 네가 삶을 살아가는 데 작은 지침이 되길 바랄 뿐이다.

사랑한다, 아들아.

아들아, 부동산 공부해야한다

남편이 퇴직하던 날,
우리 가족의 2막이 시작됐다

나는 드라마나 연속극, 로맨스 영화를 좋아한다. 그래서 가끔 넷플릭스 같은 스트리밍 서비스로 로맨스 영화를 몰아 보기도 한다.

지금은 좋아하는 프로그램을 언제든 골라 보지만 어릴 적 시골집에서는 유일한 시청 수단이 TV였다. 나는 드라마를 즐겨 보았다. 당시 드라마에는 가압류를 의미하는 빨간 딱지가 집 안에 붙어 있는 장면이 유난히 자주 등장했다. 주인공이나 주인공의 가족이 사업하다가 망해서 고난을 겪는 이야기가 많았기 때문이다.

나는 그 장면을 보면서 나중에 결혼할 신랑의 직업이 안정적인 회사원이면 좋겠다고 생각했다. 지금 남편과 결혼한 후에도 안정적인 직업에 대한 애착이 강했다. 남편이 회사에서 오래 직장 생활해 주기를 바랐다. 물론 남편은 오래 일했고 유능했으며 가족에게 잘 해주었다. 남편의 근로소득을 모은 돈으로 집도 사고 아이들도 키웠다. 나는 남편 월급을 아끼고 저축하며 잘 살아왔다. 그런 생활이 계속될 줄 알았다. 남편이 월급을 받지 않는 날이 언젠가는 오겠지만 꽤 먼일이라고 생각했다.

남편은 40대 후반부터 퇴직하고 나면 뭘 하며 지내야 할지 자주 이야기했다. 사실 그때 나는 한 귀로 듣고 바로 한 귀로 흘려보냈다.

50대가 되자 남편은 아예 퇴직을 입에 달고 살았다. 그때도 나하고는 아무 상관없는 일이라고 여겼다. 퇴직 기간을 연장하자는 사회 분위기가 있다고 생각하고, 어떻게든 잘될 거라고 생각했다. 지금 보면 불안한 마음을 어떻게든 무시하려 했던 것 같다.

그래서 나는 남편과 퇴직 이후에 대해 진지하게 이야기해본 적이 없다. 남편이 "어느 부서의 누가 이번에 퇴사했어"라고 이야기하면 "아니 왜? 더 다녀야지. 지금 돈이 많이 들어갈 텐데" 하며 말꼬리를 잘라버렸다. "그 사람은 집에 돈이 많나 봐?" 하며 단호하게 말을 끊은 적도 많다.

코로나19 이후에 남편은 퇴사가 눈앞에 다가온 것처럼 굴었다. 아파트를 매수하려고 알아보며 다니는 나에게 자신이 퇴사하면 앞으로 대출 상환 능력이 안 되니 이제 그만하자고 말했다. 그 이야기를 하는 남편을 보면서 이제 정말 퇴직이 가까이 왔다는 것을 피부로 실감했다.

그해 가을이었던 2020년 9월 30일 정말로 퇴직한 남편이 몇 개의 짐을 들고 돌아왔다. 나는 몇 개월 전 이사한 빌라에서 남편을 맞이했다. 낡은 빌라에 살면서까지 고집스럽게 부동산 재테크를 한 나는 그날따라 남편과 가족에게 미안했다. 케이크를 준비해서 소소하게 축하해주었지만 집 안의 분위기는 어쩔 수 없이 축 처져 있었고, 나도 마음이 진정되지 않았다.

그날은 추석 명절 연휴가 시작되는 날이었다. 그해 명절에 우리는 양가 어디에도 내려가지 않았다. 항상 회사가 우선이었던 남편이 연휴 내내 우울하겠다 싶었다. 그런데 남편은 의외로 강했다. 바로 다음 날부터 아침에 산책하고 글을 썼다. 글의 소재는 전날 저녁에 같이 본 〈나훈아 쇼〉였다. 그 쇼가 남편에게 충격으로 다가온 모양이었다. 글의 내용은 가수 나훈아와 남진을 비교하며 자본소득과 근로소득의 차이를 설명한 것이었다. 남편은 그전에도 근로소득과 자본소득에 대해 자주 이야기했다. 그렇게 남편의 글쓰기가 시작되었다. 남편은 자신의 글을 네이버 카페인 부동산 스터디에 올렸고, 회원들은 센세이셔널한 반응을 보였다.

그때 나는 현실적인 걱정이 많았다. 이제는 내 월급만으로 생활해야 했기 때문이다. 남편의 소득이 끊겼으니 정기적금 납입을 멈췄고, 남편의 보험과 연금을 살펴서 유지할 것과 해지할 것을 나누었고, 가계 재정 계획도 다시 짰다. 세세하게 살피면 살필수록 최소한의 지출로 생활하고 아껴야 한다는 결론이 나왔다.

남편이 퇴직한 지 벌써 1년 7개월이 지났다. 남편은 지금도 열심히 생활하며 바쁘게 지낸다. 인터넷 카페에 쓴 글들을 책으로 출간했는데 베스트셀러가 되었고, 사업도 준비했으며, 최근에는 유튜브 채널도 열었다. 나도 더 열심히 직장 생활을 하고 있다. 이제 남편에게는 고정소득이 없다. 반면에 나는 많지 않지만 고정적인 월급을 번다. 나는 내 월급으로 생활하고 남편이 버는 인세나 강연료는 모두 저축하는 방식으로 가계를 꾸리고 있다.

남편은 퇴직했지만 나는 부동산 재테크를 위한 종잣돈 모으기를 계속하고 있다. 나는 근로소득자에게 재테크는 선택이 아니라 필수라고 생각한다. 남편의 월급을 투자하지 않았더라면, 남편의 퇴직과 함께 가계경제는 무너졌을 것이다. 부동산 자산이 아니었다면 당장 눈앞의 생계 해결에 급급했을 것이고, 남편은 글쓰기는커녕 이력서를 들고 50대에게 매몰찬 취업 시장을 뚫느라 바빴을 것이다. 남편의 퇴직이 우리 가족의 위기가 아니라 시작일 수 있었던 이유는 부동산이라는 자산이 있었기 때문이다. 그래서 나는 지금도 궁색을 떨면서 종잣돈을 모으고 있다. 나는 내 아들들도 직장 생활하면서 꼭 재테크를 시작하기를 바란다. 그래서 최소한 50세 이전에 경제적 기반을 이루기를 바란다.

미래는 아주 먼 시간이라고 생각하기 쉽지만, 생각보다 정말 금방 온다. 나도 50대는 아주 먼 미래의 일일 줄 알았다. 아이들 키우고 일도 하며 정신없이 살다 보니 어느덧 50대가 되었다. 시간은 생각보다 금방 지나간다. 그나마 근로소득을 안정적으로 벌 수 있는 때에 경제적 기반을 만들지 않는다면 길고 긴 여생 동안 불안과 고통 속에서 살아갈 수밖에 없다. 내 아들들이, 그리고 이 책의 독자들이 직장에 몸담고 있을 때 부디 투자에 눈을 뜨고 잘 준비하기를 바란다.

가난한 세상에
아버지가 쏘아 올린 공

사람들은 아버지를 난장이라고 불렀다.

조세희 작가의 중편소설 『난장이가 쏘아 올린 작은 공』의 첫 문장이
다. 아들아, 오늘 이 첫 문장은 날카로운 칼날이 되어 내 가슴 한쪽
을 도려낸다.

7월 23일은 내 아버지의 기일이다. 아버지는 2017년 무더운 여
름에 중계동의 요양병원에서 치매로 돌아가셨다. 아버지는 살아생
전 너무 착하고 약간은 소심한 분이었다.우리 형제들이 싫어했던
연약한 심성의 소유자였다. 아버지는 소설 속 난쟁이처럼 세상과의
전쟁에서 늘 지기만 하셨다.

아버지는 세상에서 매일 지고 돌아오는 초라한 가장이었다. 험
난한 산업화 시대에 우리 가족을 제대로 지켜내지 못했다. 우리 열
식구는 길음동의 산동네에서 살았다. 어릴 적에는 우리 집의 가난
이 모두 아버지 탓이라고 여기며 살았다. 우리는 아버지를 원망했
다. 그러나 아버지는 가난이라는 지옥에서 살면서도 천국에 사는

사람처럼 착하기만 하셨다. 나는 아버지의 그 지나치게 착한 심성
이 지독히 싫었다. 사춘기에 접어들었을 때 그런 아버지를 의도적
으로 피한 적도 있었다.

어느 날인가. 길음시장 건너편에 사시는 당숙을 길가에서 만났
다. 이런저런 이야기 끝에 당숙이 말씀하셨다.

"너희 아버지는 참 선한 분이시다. 진짜 법 없이도 사실 분이야."

나는 그 말을 듣고 속으로 생각했다.

'그래, 그 선한 아버지 때문에 우리 식구는 가난이라는 지옥 속
에서 살고 있다.'

물론 아버지에 대한 반항심 때문에 배운 것도 있었다. 나는 그
시절의 가난 덕분에 어지간한 시련은 견딜 수 있게 단련되었다. 나
는 그 가난이 만들어준 지옥 속에서도 한 가지 꿈만은 끝까지 놓지
않았다.

'아버지처럼 살지 않을 거야.'

나는 늘 그런 반항심이 가득했다. 그 마음은 성인이 된 이후에
도 남아 있었다. 나는 내 가족에게 가장의 역할만큼은 제대로 해내
고 싶었다. 아이들이 인정할지는 모르지만 지금까지도 나는 그 가
장의 역할에 충실했다고 여기고 있다.

지금으로부터 5년 전 아버지에게 갑자기 치매가 찾아왔다. 돌

아가신 고모가 찾아왔다고 하시고, 새벽에 나가 공원 벤치에서 주무시곤 했다. 매일 반복되는 배회 증상 때문에 어쩔 수 없이 요양원에 모셨다. 아버지는 요양원에서 1년 정도 지내다가 복합적인 병증으로 갑작스럽게 돌아가셨다.

　나는 아버지 살아생전에 아버지를 향한 원망을 털어내지 못했다. 아버지에게 용서를 구할 기회도 잡지 못했다. 이별은 갑작스럽게 찾아왔다. 지금도 그때를 생각하면 가슴이 아프고 아버지에게 죄송하다. 불효자인 나는 요양병원에도 단 한 번 찾아뵈었다. 그리고 아버지의 임종마저 지키지 못했다. 어쩌면 아버지가 용서의 기회를 주시지 않은 것이 아니라, 내가 쫓기듯이 살아가면서 모든 기회를 놓쳤던 거다.

　돌아가신 이후 아버지의 기일마다 찾아뵙고도 아직까지 "아버지, 죄송합니다"라는 사죄의 말을 건네지 못했다. 이번 기일에 아버지 산소에 갔다. 오늘에서야 겨우 나는 말씀드렸다.

　아버지, 죄송합니다.
　저는 불효자입니다.
　저는 아버지 생전에 좋은 아들이 아니었습니다.
　단 한 번도 그렇게 되려고 노력한 적이 없습니다.
　그저 원망만 했습니다.

아들아, 부동산 공부해야한다

아버지의 산소에서 아이들을 바라보았다. 아버지의 아들이었던 나를 뒤돌아볼 수 있었다. 이제야 겨우 불효자인 아들은 아버지의 무덤 앞에 무릎을 꿇었다. 무릎을 꿇은 채 이젠 돌이킬 수 없는 지난날을 반성했다. 우리 형제들은 연약한 아버지를 우리의 아버지로, 한 집안의 가장으로 받아들이지 못했다. 우리 형제는 아버지에게 늘 불효자였다. 아버지의 삶은 세상에도 지고, 가족에게도 늘 지기만 하는 삶이었다.

오늘 나는 전혀 다른 생각을 떠올려보았다. 그렇게 한평생을 지고만 살다 가신 아버지가 품고 있던 꿈이 무엇이었을까? 모든 곳에서 지고만 사신 아버지가 쏘아 올리고 싶었던 작은 공은 무엇이었을까?

오늘 나는 겨우 깨달았다. 아버지가 지옥을 천국처럼 살아가면서 지켰던 작은 공, 아버지가 그렇게도 지켜서 하늘 높이 쏘아 올리고 싶었던 작은 공은 바로 아버지의 자식들이었다. 아버지가 삶의 전쟁터에서 날마다 지고도 또 기어이 그 전쟁터로 나간 이유는 바로 가족이었다. 나는 나이 50이 넘어서야 아버지의 마음을 터럭만큼 깨닫게 되었다.

아버지, 죄송합니다.
너무 늦게 깨달았습니다.

아버지는 저에게 난쟁이가 아니라 거인입니다.

아버지라는 거인의 어깨 위에서 저는 지금 작은 날갯짓하고 있습니다.

아버지, 고맙습니다.

누구나 일생에 한두 번은 고난을 겪게 된다. 그 고난을 견디는데는 힘이 필요하다. 세상의 모든 아버지가 쏘아 올린 그 작은 공이, 바로 자식들이 고난을 견뎌내는 힘이 된다. 오늘도 세상의 아버지와 어머니들은 각자의 전쟁에서 견디고 있다. 그들은 매일 지면서도 다시 일어나 전쟁터로 나가고 있다. 세상의 모든 부모들은 세상에서 가장 작은 난쟁이가 되어서, 세상에서 가장 절박한 중심에 서서 하루하루를 견디고 있다. 부모란 본래 그것이 숙명인 것처럼, 그 세상을 탓하지도 않고 그저 가족을 책임진다는 각오로 살아간다.

———

아들아, 얼마 전 늦은 점심으로 순대국밥을 먹었다. 그 밥집의 열린 출입문으로 건너편 큰길이 보였다. 큰길의 편의점 옆에는 허리가 굽은 80대 노인이 폐지를 차곡차곡 접어 손수레에 쌓고 있었다. 이미 90도로 굽은 허리를 그대로 굽힌 채 양팔만으로 폐지를 주워 담고 있었다. 그 노인을 바라보며 나는 순대국밥을 먹었다.

국밥 그릇에는 순대와 내장이 수북하게 담겨 있었다. 순대를 젓가락으로 집어 새우젓에 찍어서 씹다가 토렴이 잘된 밥알과 같이 목 안으로 넘겼다. 두어 숟갈을 먹은 후에 숟가락으로 깍두기도 퍼서 입안에 넣었다. 깍두기의 시큼한 국물이 내장과 순대와 새우젓과 함께 입안에 섞여 흘러내려 갔다. 국밥을 먹으면서 눈으로는 계속 폐지 줍는 노인을 따라갔다. 그때 아버지 몸의 모든 감각기관은 제각기 따로 놀고 있는 듯했다. 손에는 숟가락이, 입에는 국밥이, 눈엔 폐지 줍는 노인의 모습이. 허기와 마음은 서로 대적하지 않았고, 그저 각자의 역할에 충실하고 있었다. 아들아, 모든 밥에는 이토록 슬픔과 비애가 담겨 있다.

오늘도 너는 그 밥과 마주하고 있을 것이다. 그 밥 속에 모든 사람의 공통된 비애가 담겨 있다. 어제도 오늘도 내일도 너는 그 밥을 먹어야 한다. 그 밥엔 네가 알고 있는 사람들의 비애가 담겨 있다. 할아버지, 할머니, 아버지, 엄마의 땀과 눈물, 그리고 피가 담겨 있다. 이것이 밥의 숙명이다.

아들아, 아버지는 내 아버지가 그랬던 것처럼 너희를 위해 오랜 밥벌이를 하였다. 너도 이제 사회에 나가 밥벌이를 시작한다. 그전에 아버지는 이 책을 너희에게 전해주고 싶었다. 아버지와 엄마가 함께 써 내려간 밥벌이의 기록이자, 밥벌이 동안 깨달은 생각

과 경험이다. 곧 밥벌이를 시작할 네가 꼭 이 책을 읽어 내려가길
바란다.

　　사랑한다, 아들아.

아들아, 부동산 공부해야한다

부동산 투자의 길잡이가 된 책 10

부동산 공부를 시작하는 독자라면 어느 책부터 읽어야 할지 막막할 것이다. 등대처럼 나에게 길을 가르쳐준 책 10권을 소개한다.

---

1. 『페이크』(로버트 기요사키 지음, 박슬라 옮김)

페이크Fake는 거짓, 속임수, 속됨을 의미한다. 저자는 가짜 돈과 거짓 정보로부터 진짜 돈과 자산을 지키라고 말한다. 가짜 돈에 속지 않기 위해서는 먼저 '가짜 돈'을 알아야 한다고 강조한다. 또한 세계의 돈인 '달러'가 어떻게 가짜 돈이 되었는가를 설명한다. 1971년 8월 15일 당시 미국 대통령이었던 리처드 닉슨은 긴급 성명을 통해 금과 달러의 교환을 중지한다고 발표했다. 이 닉슨 쇼크 이후 미국은 임의적으로 달러를 발행할 수 있게 되었다. 저자는 부동산 자산을 통해 가짜 돈으로부터 자신의 재산을 지켜내야 한다고 주장한다. 이 책을 통해 나는 가짜 돈의 세상에서 나를 지켜줄 안전 자산은 부동산이라는 사실을 깨달았다.

---

2. 『돈의 속성』(김승호 지음)

저자는 돈의 다섯 가지 속성과 부자가 되는 사람들의 네 가지 특성을 설명한다. 돈의 속성은 다섯 가지다. 첫째, 돈은 인격체다. 둘째, 정기적인 수입에 힘이 있다. 셋째, 돈에는 각기 다

른 품성이 있다. 넷째, 돈은 중력의 힘을 가졌다. 다섯째, 남의 돈에 대한 태도가 내 돈을 대하는 태도. 여기에 부자가 되려면 네 가지 능력이 필요하다. 돈을 버는 능력, 돈을 모으는 능력, 돈을 유지하는 능력, 돈을 쓰는 능력이다. 나는 돈의 다섯 가지 속성을 통해서 자산을 모으는 방법을 깨달았고, 부자가 되는 네 가지의 능력을 통해서는 부동산에 투자하는 방법을 배웠다. 끝으로 가난은 생각보다 잔인하다는 것을 깨달았다. 이 책은 내가 경제적 기반을 마련하는 방안을 고민하도록 만들었다.

3. 『운명을 바꾸는 부동산 투자 수업』(정태익[부동산읽어주는남자] 지음)

왜 부동산 투자를 해야 하는지 현답을 알려준다. 퇴직 후 어떻게 투자할 것인가 고민에 빠진 분들에게 유용한 책이다. 왜 지금 투자해야 하는지부터 투자의 출발선에서 고민하는 것들, 종잣돈을 모으는 방법. 그리고 부동산 투자의 개념을 상세하게 알려준다. 특히 "투자는 마인드가 95%, 기술이 5%다"라는 저자의 말에 공감한다. 투자뿐만 아니라 인생의 모든 일은 마인드를 바로 세우는 것에서 시작한다.

4. 『월급쟁이 부자로 은퇴하라』(너나위 지음)

나는 직장 생활만 25년을 했다. 직장을 나의 전부로 알고 지냈다. 퇴직 후에 알았다. 월급쟁이로 얻을 수 있는 것은 한계가 있었다. 이 책의 저자는 나와는 다른 길을 걸었다. 평범한 월급쟁이 시절 재테크에 눈을 뜨고 부동산에 투자하여 지금은 70억 부자로 살고 있다. 이 책은 25년 월급쟁이의 때가 덕지덕지 쌓인 나를 변화시켰다. 나는 이 책을 통해 부동산 투자가로서 마인드 세트를 할 수 있었다.
"잃지 않는 부동산 투자를 하고 싶다면, 다음 세 가지를 갖춰야 한다. 첫째는 부동산의 저평가 여부를 판단할 수 있는 안목, 둘째는 적은 투자금으로

투자의 효율성을 극대화하는 기술, 셋째는 역전세 등에 대비하여 내 자산을 방어할 수 있는 자금 동원력이다." (115쪽)

지금도 나는 이 구절을 마음에 새기고 있다.

5.『김학렬의 부동산 투자 절대 원칙』(김학렬[빠숑] 지음)

부동산 투자의 기본부터 나 같은 다주택자를 위한 조언까지 얻을 수 있었다. 오랫동안 부동산 전문가로 활동하면서 쌓은 저자의 경륜이 곳곳에 담겨 있다. 나는 이 책을 통해서 부동산 투자의 의사결정 원칙과 기준은 물론 입지 정보와 데이터를 분석하는 안목을 배울 수 있었다. 저자는 하급 입지와 하급 상품은 시간이 오히려 결함이 될 수 있다며, '묻지 마 매수'를 조심하고 상급 입지와 상품을 알아보는 안목을 기르라고 조언한다.

6.『홍익희의 유대인 경제사』(홍익희 지음)

2000년 동안 땅과 집 없이 떠돈 유대인들이 어떻게 세계의 부를 거머쥘 수 있었는지를 경제 관점에서 서술하고 있다. 나는 이 책을 통해서 부동산의 보이지 않는 이면을 역설적으로 깨닫게 되었다. 부동산은 단순한 주거 공간이 아니라 자산이며, 최소한의 안전 보장이라는 사실이다. 자신의 땅과 집을 가질 수 없었던 유대인은 2000년 동안 핍박의 대상이었다. 마치 오늘날 서울에서 무주택자로 살아가는 설움과 비슷하다. 한편 유대인들은 그 척박한 상황에서도 자신들만의 자산 증식 방법을 찾아낸다. 이 책은 부동의 안전 재산인 땅과 집이 유동의 돈으로 변화하는 과정을 생생하게 설명해준다. 땅과 집, 그리고 돈이 어떻게 경제사에서 연결되는지 알 수 있는 책이다.

7. 『지적 대화를 위한 넓고 얕은 지식』(채사장 지음)

이 책의 현실 편은 우리가 살고 있는 경제·사회 구조를 이해하는데 도움을 주었다. 저자는 경제체제는 생산수단을 누가 소유하느냐에 따라 결정된다고 설명한다. 중세시대는 생산수단인 땅을 영주가 가진 경제체제였고, 근대는 생산수단인 공장을 사업가가 소유한 경제체제였으며, 21세기는 생산수단인 자본을 금융자본가가 가진 경제체제라고 분류한다. 생산수단의 소유가 권력을 좌우하는 것이다. 이 책을 통해 나는 부동산에는 생산수단으로서의 가치가 존재한다는 사실을 깨달았다.

8. 『EBS 다큐프라임 자본주의』(EBS 자본주의 제작 팀 지음)

자본주의의 개념을 가장 쉽게 풀어낸 책이다. 이 책을 통해서 2008년 글로벌 금융위기의 이면을 알 수 있었다. 주택 대출금과 이자, 살고 있는 집값이 자본주의 시스템에 어떻게 연결되어 있는지 세세하게 사례로 설명해준다. 이 책에 의하면 근대 이후 경제체제는 4단계로 분류할 수 있다. 1단계, 초기 자본주의는 시장 중심의 경제체제였다. 2단계, 공산주의 경제체제의 등장이다. 3단계, 수정자본주의다. 제1차 세계대전 이후 정부의 개입과 경기 부양을 중점으로 추진한 자본주의다. 4단계, 신자유주의 경제체제. 정부의 개입은 줄이고 시장의 자유경쟁을 추구하며, 정부의 재정정책이 아니라 중앙은행의 통화정책으로 경제 흐름을 통제하는 경제체제다. 이 책을 통해 나는 자본주의 경제체제에 대한 기본사항을 이해할 수 있었다.

9. 『사피엔스』(유발 하라리 지음, 조현욱 옮김)

저자는 농업혁명을 거대한 사기라고 규정한다. 농업혁명으로 농업생산력이 증가해 기아에서 벗어나고 집을 통해 자연의 위협에서 벗어났지만, 그에 따른 인구 증가로 또 다른 문제가 야기되었다는 것이다. 농업과 정착 생활은 자연을 파괴해서 지구를 병들게 했다. 수렵채집

아들아, 부동산 공부해야한다

사회에서 농경사회로 변화하면서 특정 작물만을 섭취해 영양의 불균형을 초래했으며, 노동시간이 과도하게 증가했다. 나는 저자의 주장에서 오히려 1만 년 인류 역사의 기반은 땅과 집이었다는 사실을 깨닫고 땅과 집의 소중함을 되새기게 되었다. 인류는 땅에서 식량, 집에서 안전, 돈으로 교역을 얻으면서 오늘날의 경제구조를 만들어냈다. 삶의 기반은 땅과 집, 돈의 기반 위에 있다는 사실을 깨닫게 해준 책이다.

---

10. 『돈이 된다! 부동산대백과』(김병권 지음)

당장 부동산 관련 실무 지식을 배우고자 하는 사람에게 이 책은 큰 도움이 될 것이다. 이 책은 20대의 전·월세 완전 독립, 30대의 내 집 마련(준비·선택·실천 편), 40대의 점프업(경매로 5억 만들기, 재건축·재개발로 10억 만들기) 등 생애 주기별로 필요한 실무 지식을 꼼꼼하게 정리하고 있다. 나는 바로 필요한 지식, 예를 들면 재건축 아파트에 투자할 때 유의할 점을 알고 싶을 때 이 책을 펼쳐본다. 저자가 오랫동안 부동산 중개사로 일하며 쌓은 실무 경험이 잘 녹아있다.

2022 수도권 아파트 청약 일정

서울

5월

DMC SK뷰 장기전세
서울시 은평구 수색동 30-2
임대분양, 총 753세대

래미안엘리니티 행복주택
서울시 동대문구 용두동 753-9
임대분양, 총 1048세대

6월

개포프레지던스자이 행복주택
서울시 강남구 개포동 189
임대분양, 총 3375세대

용마산모아엘가파크포레 행복주택
서울시 중랑구 면목동 55-14
임대분양, 총 243세대

신목동파라곤 행복주택
서울시 양천구 신월동 489
임대분양, 총 299세대

화곡동더리브주상복합
서울시 강서구 화곡동 370-76
일반분양, 총 140세대

르엘신반포 행복주택
서울시 서초구 잠원동 74
임대분양, 총 280세대

서대문푸르지오센트럴파크 행복주택
서울시 서대문구 홍제동 57-5
임대분양, 총 832세대

르엘신반포센트럴 행복주택
서울시 서초구 잠원동 74-1
임대분양, 총 596세대

개봉해피트리앤루브루
서울시 구로구 개봉동 369-1
일반분양, 총 295세대

아들아, 부동산 공부해야한다

8월

센트레빌파크프레스티지
서울시 은평구 역촌동 189-1
일반분양, 총 752세대

9월

행당7구역주택재개발
서울시 성동구 행당동 128
일반분양, 총 958세대

천호4촉진구역
서울시 강동구 천호동 410-100
일반분양, 총 670세대

삼익연립재건축
서울시 강동구 둔촌동 85-2
일반분양, 총 195세대

힐스테이트e편한세상문정
서울시 송파구 문정동 136
일반분양, 총 1265세대

12월

르엘신반포파크애비뉴 행복주택
서울시 서초구 잠원동 52-2
임대분양, 총 330세대

롯데캐슬리버파크시그니처 행복주택
서울시 광진구 자양동 236
임대분양, 총 878세대

대치푸르지오써밋 행복주택

서울시 강남구 대치동 963
임대분양, 총 489세대

래미안원베일리 행복주택
서울시 서초구 반포동 1-1
임대분양, 총 2990세대

하반기

서대문영천반도유보라
서울시 서대문구 영천동 69-20
일반분양, 총 199세대

미정

디에이치방배(방배5구역주택재건축)
서울시 서초구 방배동 946-8
일반분양, 총 3080세대

청담삼익아파트재건축
서울시 강남구 청담동 134-18
일반분양, 총 1230세대

경기

5월

가평설악엘크루
가평군 설악면 신천리 78-1
일반분양, 총 260세대

영통푸르지오파인베르
수원시 영통구 망포동 234-6
일반분양, 총 770세대

e편한세상지축센텀가든
고양시 덕양구 지축동 고양지축 B-5BL
일반분양, 총 331세대

소사역한라비발디프레스티지
부천시 소사본동 70-12
일반분양, 총 166세대

도곡2구역
남양주시 와부읍 도곡리 931-5
일반분양, 총 908세대

e편한세상옥정리더스가든
양주시 옥정동 옥정신도시 A-24BL
일반분양, 총 938세대

화성유보라아이비시티
화성시 장안면 사랑리 477

일반분양, 총 1595세대

의정부역파밀리에 I
의정부시 의정부동 127-4
일반분양, 총 82세대

평촌어바인퍼스트더샵
안양시 동안구 호계동 954-20
일반분양, 총 304세대

봉담파라곤
화성시 봉담읍 동화리 228
일반분양, 총 600세대

영통푸르지오트레센츠
수원시 영통구 망포동 234-7
일반분양, 총 796세대

양주일영경남아너스빌
양주시 장흥면 일영리 85
일반분양, 총 741세대

힐스테이트탑석
의정부시 용현동 산32
일반분양, 총 636세대

평택청북세종헤르메스
평택시 청북읍 옥길리 1158-7
일반분양, 총 280세대

베라시떼 하남
하남시 신장동 427-93
일반분양, 총 29세대

아들아, 부동산 공부해야한다

6월

양평공흥3지구휴먼빌
양평군 양평읍 공흥리 418
일반분양, 총 418세대

양주회천 A15BL
양주시 덕계동 양주회천 A15BL
임대분양, 총 880세대

성남판교대장 A10BL 신혼희망타운
성남시 분당구 대장동 176
일반분양, 총 749세대

광주민간공원데시앙
광주시 경안동 산2-1
일반분양, 총 1690세대

수원당수A-3BL 행복주택
수원시 권선구 당수동 수원당수 A-3BL
임대분양, 총 400세대

화성동탄2 A-53BL
화성시 신동 화성동탄2지구 A-53BL
임대분양, 총 700세대

괴안3D구역재개발
부천시 괴안동 200-5
일반분양, 총 759세대

양주옥정 A25BL
양주시 옥정동 양주옥정 A25BL
임대분양, 총 1215세대

시흥장현A-9블록 행복주택
시흥시 장곡동 시흥장현 A-9BL
임대분양, 총 1232세대

상반기

파주운정3 A48BL
파주시 동패동 1418
일반분양, 총 460세대

8월

고양장항A-2BL 신혼희망타운
고양시 일산동구 장항동 고양장항A-2BL
일반분양, 총 650세대

베르몬트로광명
광명시 광명동 12-2
일반분양, 총 3344세대

화성비봉 A3블록
화성시 비봉면 화성비봉 A3블록
일반분양, 총 988세대

9월

오산세교2지구모아미래도
오산시 금암동 오산세교2지구 A21블록
일반분양, 총 414세대

과천지식정보타운린파밀리에 행복주택
과천시 갈현동 과천지식정보타운지구

S8BL
임대분양, 총 659세대

과천지식정보타운S3 행복주택
과천시 문원동 과천지식정보타운 S3BL
임대분양, 총 547세대

화성동탄2 A54블록
화성시 신동 화성동탄2 A54블록
임대분양, 총 1350세대

의왕초평 A3BL 행복주택
의왕시 초평동 의왕초평 A3BL
임대분양, 총 981세대

과천지식정보타운S7 행복주택
과천시 갈현동 과천지식정보타운 S7BL
임대분양, 총 472세대

부천원종B2 행복주택
부천시 원종동 부천원종 B2블록
임대분양, 총 591세대

화성비봉A5 행복주택
화성시 비봉면 화성비봉 A5블록
임대분양, 총 894세대

10월
동탄2신도시 A56BL
화성시 신동 동탄2신도시 A56BL
일반분양, 총 800세대

11월
동탄2신도시 A59BL
화성시 신동 동탄2신도시 A59BL
일반분양, 총 1103세대

수원당수A-1 영구임대
수원시 권선구 당수동 수원당수 A-1BL
임대분양, 1500세대

12월
수원당수A-2BL
수원시 권선구 금곡동 수원당수A-2BL
임대분양, 총 1150세대

고양장항A-5BL 행복주택
고양시 일산동구 장항동 고양장항A-5BL
임대분양, 총 759세대

파주운정3 A47BL
파주시 목동동 파주운정3 A47BL
임대분양, 총 882세대

하반기
수원권선6
수원시 권선구 세류동 817-72
일반분양, 총 2175세대

화성비봉지구B1블록예미지
화성시 비봉면 화성비봉지구 B1블록
일반분양, 총 530세대

아들아, 부동산 공부해야한다

오전나구역주택재개발

의왕시 오전동 32-5

일반분양, 총 733세대

미정

브라운스톤리버뷰

의정부시 신곡동 571-1

일반분양, 총 769세대

광희아파트주택재건축

부천시 심곡본동 617-140

일반분양, 총 190세대

e편한세상죽전프리미어포레

용인시 수지구 죽전동 산27-1

일반분양, 총 430세대

광주역태전경남아너스빌2단지

광주시 장지동 695-14

일반분양, 총 361세대

남양주도농반도유보라

남양주시 다산동 4133

일반분양, 총 194세대

힐스테이트금오더퍼스트

의정부시 금오동 65-3

일반분양, 총 832세대

2023년 1월

화성남양뉴타운모아미래도

화성시 남양읍 남양뉴타운 C1블록

일반분양, 총 328세대

2023년 2월

양평공흥4지구휴먼빌

양평군 양평읍 공흥리 434-1

일반분양, 총 307세대

동탄2신도시 A57-2BL

화성시 신동 동탄2신도시 A57-2BL

일반분양, 총 662세대

※ 출처 = 네이버 부동산(2022년 5월 기준). 상기 일정은 건설사 사정에 따라 달라질 수 있으며 정확한 일정은 한국부동산원, LH 등 청약 사이트를 참고 바랍니다.

부동산 즐겨찾기

청약

한국부동산원 청약홈
#일반청약 #특별공급 #청약신청
일반분양 아파트·오피스텔 청약 신청
www.applyhome.co.kr

LH 청약센터
#공공분양 #사전청약 #임대주택 #신혼
희망타운
공공분양 주택 청약 신청
apply.lh.or.kr

SH 서울주택도시공사
#청약시스템 #임대분양 #분양원가공개
서울주택도시공사에서 공급하는 임대주
택 정보 제공
www.i-sh.co.kr

GH 주택청약센터
#임대주택 #청약정보 #행복주택 #장기
임대 #청약연습
행복주택과 장기전세 등 임대주택 공고
확인 및 청약 신청
apply.gh.or.kr

포털

씨:리얼
#부동산종합정보지도 #부동산통계 #인
구정보
LH에서 운영하는 부동산 정보 포털. 지
도 서비스 및 LH주택과 상가 정보, 청약
정보 제공
seereal.lh.or.kr

네이버 부동산
#부동산포털 #매물 #시세
부동산 뉴스와 정보 제공
land.naver.com

부동산114
#매물 #시세 #분양 #중개
종합 부동산 포털로 매물 정보, 시세 정
보 제공
www.r114.com

커뮤니티

네이버 카페 부동산 스터디
#최대커뮤니티 #고수집합소
회원 수 182만 명의 국내 최대 부동산 커
뮤니티. 부동산 고수들의 생생한 투자
스토리
cafe.naver.com/jaegebal

실거래가

국토교통부 실거래가 공개시스템
#실거래가 #주택통계 #거래량공개
아파트·연립·오피스텔·토지 실거래가
및 주택 통계 정보 제공
rt.molit.go.kr

호갱노노
#실거래가 #실거주자후기 #재건축·재
개발단지검색
국토교통부 아파트 실거래가 제공, 시세
검색
hogangnono.com

등기부등본

대법원 인터넷등기소
#등기부등본열람
전·월세 계약 및 각종 부동산 계약 시
등기부등본 열람, 발급
www.iros.go.kr

도시계획

서울도시계획포털
#서울도시계획 #서울사진갤러리
서울시 주요 도시계획 정보 제공
urban.seoul.go.kr

토지

토지이음
#국토교통부 #도시계획열람 #인허가사
례 #규제안내서
토지이용계획 내용을 확인할 수 있는 국
토교통부 사이트
www.eum.go.kr

국토교통부 K-Geo 플랫폼
#토지정보 #내토지찾기 #조상땅찾기
토지 및 건물 정보, 주택 실거래가 정보
제공
kgeop.go.kr

전·월세

직방
#전세 #월세 #원룸 #빌라 #아파트
아파트, 빌라 전·월세 매물 소개 및 중개
www.zigbang.com

다방
#전·월세 #매물 #원룸 #아파트
아파트, 빌라 전·월세 매물 소개 및 중개
www.dabangapp.com

아들아, 부동산 공부해야 한다

초판 1쇄 발행 2022년 5월 13일
초판 2쇄 발행 2022년 5월 30일

지은이 정선용 · 안창순

발행인 이재진 **단행본사업본부장** 신동해 **편집장** 김경림
책임편집 송보배 **교정교열** 강진홍
디자인 김덕오 **마케팅** 최혜진 이은미 **홍보** 최새롬
제작 정석훈

브랜드 리더스북
주소 경기도 파주시 회동길 20
문의전화 031-956-7358(편집), 02-3670-1123(마케팅)
홈페이지 www.wjbooks.co.kr
페이스북 www.facebook.com/wjbook
포스트 post.naver.com/wj_booking

발행처 ㈜웅진씽크빅
출판신고 1980년 3월 29일 제406-2007-000046호

ⓒ 정선용 · 안창순, 2022

ISBN 978-89-01-26035-8 03320